远程教育管理与实务

Distant Education Management and Practice

张海波 梁国胜 张军儒/编著

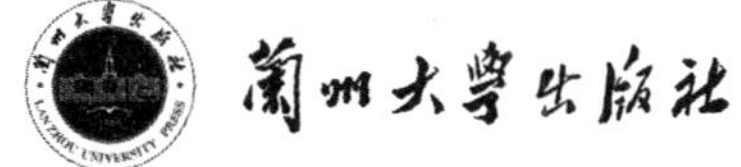

图书在版编目(CIP)数据

远程教育管理与实务 / 张海波,梁国胜,张军儒编著. —兰州:兰州大学出版社,2013.11

ISBN 978-7-311-04292-9

Ⅰ.①远… Ⅱ.①张… ②梁… ③张… Ⅲ.①远程教育—教育管理 Ⅳ.①G43

中国版本图书馆 CIP 数据核字(2013)第 265205 号

策划编辑 张爱民
责任编辑 张爱民 李江霖
封面设计 刘 杰

书 名 远程教育管理与实务
作 者 张海波 梁国胜 张军儒 编著
出版发行 兰州大学出版社 (地址:兰州市天水南路 222 号 730000)
电 话 0931-8912613(总编办公室) 0931-8617156(营销中心)
0931-8914298(读者服务部)
网 址 http://www.onbook.com.cn
电子信箱 press@lzu.edu.cn
印 刷 兰州万易印务有限责任公司
开 本 710 mm×1020 mm 1/16
印 张 8.25
字 数 130 千
版 次 2013 年 11 月第 1 版
印 次 2013 年 11 月第 1 次印刷
书 号 ISBN 978-7-311-04292-9
定 价 20.00 元

前 言

20世纪90年代，随着信息技术的飞速发展，以运用互联网为主的新型教育模式——现代远程教育应运而生。我国的许多企事业单位，也纷纷投入到现代远程教育这一新的行业中来。在国际国内远程教育蓬勃兴起的大背景下，1999年教育部开始试点普通高校开展现代远程学历教育，至今已有68所普通高等学校开办了现代远程学历教育。

目前，我国普通高校试点现代远程学历教育已十年有余，教学模式已趋于稳定，技术支撑水平先进，学习支持服务手段全面，资源表现形式丰富，现代远程学历教育的试点已经取得了较为显著的成绩。但不可否认，也还存在许多不足，尤其人才培养质量亟待进一步提高。如何保障和提升现代远程学历教育的整体质量，形势依然严峻。

由此可见，规范现代远程教育的办学行为，构建一套科学、合理的管理机制，是当前现代远程教育发展所亟须解决的问题。

鉴于此，本书以兰州大学现代远程教育为案例，通过梳理现代远程教育中的招生、教学、学生管理等业务的目的、范围、职责和程序，分析汇总了现代远程学历教育的各业务的运行情况，以期为同行或远程教育从业者提供借鉴。

现代远程学历教育的业务并不是一成不变的，它将随着国家政策、学校的办学定位和管理理念等客观环境的变化而变化。囿于编者水平有限，不到之处难免，希望广大读者、同行不吝赐教。

兰州大学网络教育学院

2013年1月

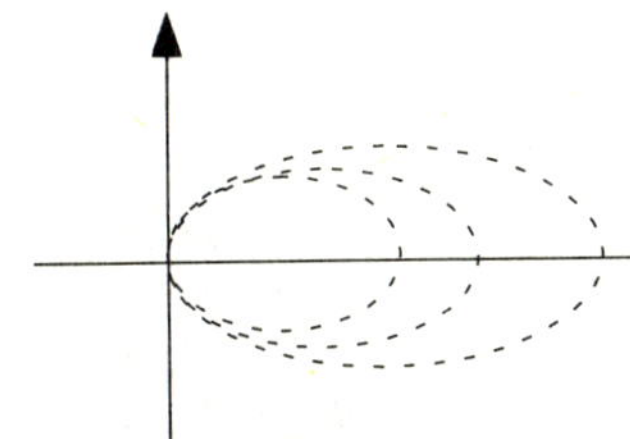

目 录

1 招 生

业务概述:招生工作是现代远程教育工作的源头,包括制订招生计划、开展招生宣传、组织报名、入学考试、录取等工作。

1.1 制订计划

业务概述:制订招生计划是招生业务的主导性工作,是依据国家有关政策,结合学院实际情况,确定招生专业、培养层次、计划招生人数等。

目的

对学院招生工作进行前期指导,合理设置招生专业和招生人数,确保招生工作有序开展。

范围

适用于学院招生政策、招生方案及招生计划等诸环节的控制。

职责

a)主管领导

负责制定招生政策,审核招生方案、确定招生计划。

b)招生管理办公室

负责制订招生计划,拟订招生方案、审核学习中心上报的计划招生人数。

程序

a)拟定招生政策

* 根据教育部相关招生文件的精神和市场需求,结合学院实际情况制定下一年度招生政策。

* 根据招生政策，结合学院专业设置情况，拟订下一年度招生方案，并提交学院例会进行专题讨论。招生方案包括专业设置、培养层次、报名资格要求、计划招生人数等。

b)制订招生计划

* 每年10月份，学习中心应根据本中心实际情况，申报本年度各层次、各专业的招生计划，并填写“兰州大学网络教育学院××年度招生计划申报表”。

* 结合各学习中心上报的招生计划，汇总形成“兰州大学网络教育学院××年度招生计划汇总表”。

* 根据“兰州大学网络教育学院××年度招生计划汇总表”，确定各省、市、自治区在春、秋两季计划招生各层次、各专业的人数。

* 根据教育部相关文件要求，填写“试点高校网络教育招生计划备案表”，并按时将春、秋两季的招生计划上报“高等学校网络教育质量监管系统平台”进行备案。

支撑文件

《兰州大学网络教育学院招生工作管理办法》

记录单

兰州大学网络教育学院××年度招生计划申报表

兰州大学网络教育学院学习中心基本情况表

兰州大学网络教育学院××年度招生计划汇总表

试点高校网络教育招生计划备案表

兰州大学网络教育学院招生计划完成情况记录单(按专业)

兰州大学网络教育学院招生计划完成情况记录单(按学习中心)

1.2 招生宣传

业务概述：招生宣传就是通过各种媒介向社会介绍学院概况，组织动员考生报考的一种重要形式，是招生工作的重要组成部分，也是扩大生源规模、提高生源质量的重要方式。

目的

对学院招生宣传工作进行监督、审核，规范招生行为，确保生源质量。

范围

适用于学院及学习中心的各类招生宣传活动的组织、实施与控制。

职责

a)主管领导

负责审定《招生简章》。

b)招生管理办公室

负责制定《招生简章》，开展招生宣传，并对学习中心招生宣传工作的各个环节进行监督、指导。

c)学习中心

按照学院要求，负责本地招生宣传工作的组织实施。

程序

a)下发招生通知

每年年初，招生管理办公室根据教育部下发的关于做好本年度招生工作的通知的要求，下发《关于做好××年招生工作的通知》，并及时在学院网站发布相关信息。

b)制定《招生简章》

* 根据本年度招生方案，招生管理办公室于每年的1月、7月分别拟定秋季、春季的《招生简章》，制订广告宣传计划。

*《招生简章》及招生宣传材料制定后应及时提交学院例会进行讨论确定。讨论的内容包括：宣传内容是否齐备，是否符合本年度招生方案要求，表述是否清晰、准确。

* 根据讨论结果，设计印制春、秋两季的《招生简章》。

c)发布《招生简章》

* 招生管理办公室根据各学习中心的招生计划，及时下发《招生简章》及“考生报考档案卡”，要求各学习中心根据招生相关要求做好下阶段招生工作的准备。

* 通过学院网站，及时发布和更新春、秋两季的《招生简章》。

d)开展招生宣传

* 招生宣传工作于《招生简章》及相关宣传材料获得评审通过后开始启动，于招生报名截止日期结束。

* 学习中心不得擅自进行与学院《招生简章》内容不符的宣传，如学习中心需要自制宣传资料，应根据《招生简章》制作本学习中心的招生宣传材料，并报学院招生管理办公室审批后方可使用。

e)上报《招生简章》

根据教育部相关文件要求，按时将春、秋两季的《招生简章》上报"高等学校网络教育质量监管系统平台"进行备案。

支撑文件

《兰州大学网络教育学院招生工作管理办法》

记录单

兰州大学网络教育学院招生宣传材料发放情况记录单

兰州大学网络教育学院考生报考档案卡发放情况记录单

兰州大学网络教育学院招生宣传材料审核记录单

1.3 考生报名

业务概述：考生报名工作是招生工作中的重要环节，尤其要认真做好考生填写报名登记表、采集数码照片等源头性工作，保障学生信息数据的准确性。

目的

对学院的考生报名工作进行指导、监督，确保考生报名工作的顺利组织实施。

范围

适用于学习中心考生报名工作的组织与实施，学生报名材料的收集与审核等环节的控制。

职责

a)招生管理办公室

负责指导、监督学习中心开展招生报名工作,并提供咨询服务。

b)学生服务部

负责提供招生工作的相关咨询服务。

c)学习中心

根据学院要求,负责本中心考生报名工作的组织实施。

程序

a)招生咨询

学生服务部及招生管理办公室负责提供与招生相关的咨询服务,并对咨询内容进行详细解答。

b)平台设置

招生管理办公室应在报名工作开始前,及时完成管理平台的招生初始设置;学习中心应及时完成相应入学批次的招生计划设置;综合管理办公室应及时完成收费系数设置。

c)报名方式

* 考生报名采用网上报名和现场报名两种方式,学习中心负责考生报名的组织工作。

* 采用网上报名者,可登录学院主页通过在线报名选择就近的学习中心进行报名。报名截止日期前,学习中心须通知学生现场填写“兰州大学现代远程教育考生报考档案卡”,并提供相关证明材料,否则报名无效。

* 采用现场报名者,须携带报考证明材料到就近的学习中心报名。

d)报考材料分类

* 基本信息:“兰州大学现代远程教育考生报考档案卡”。

* 证明材料:身份证复印件、毕业证复印件、护士执业资格证复印件(报考护理学专业)、学历认证报告或网查结果、纸质照片、数码照片。

* 确认、承诺材料:“兰州大学现代远程教育诚信承诺书”“兰州大学网络教育学院新生报名信息确认表”。

* 申请材料:“兰州大学网络教育学院免考申请表”“兰州大学网络教育学院同等学力学生免修免考申请表”。

e)报考材料收集

* 学习中心负责收集考生的报考材料。

* 考生报名时须认真填写“兰州大学现代远程教育考生报考档案卡”,如有空项应注明“无”,不得空白。该报考档案卡一式两份,一份由学习中心留存,一份交学院。

* 身份证、毕业证、护士执业资格证复印件一式两份,要求清晰可辨,并粘贴在“兰州大学现代远程教育考生报考档案卡”相应位置。

* 学历认证报告或网查结果:有网上查验结果者,提供加盖学习中心公章的“学历证书网上查询结果”打印件;无网上查验结果者,须提供全国高等学校学生信息咨询与就业指导中心开具的《中国高等教育学历认证报告》。

* 考生照片:纸质照片为同底免冠蓝色背景一寸彩色近照两张,要求图像清晰;数码照片为蓝底免冠照片,以“身份证号.jpg”命名文件,图片尺寸为150×210像素,大小为≤40K,高宽比在1.25cm~1.55cm之间。如考生没有提供数码照片或照片不符合标准,学习中心应负责现场采集。

* 考生报名时须填写“兰州大学现代远程教育诚信承诺书”,对各项条款内容进行确认,并亲自签名保证。

* 报名信息由考生通过网上报名方式直接录入,或由学习中心录入学院管理平台“网上报名登记表”。学习中心审核后,打印“兰州大学网络教育学院新生报名信息确认表”。考生对“兰州大学网络教育学院新生报名信息确认表”核对无误后签字确认。一经确认,考生所有信息不得再修改。

* 符合入学考试、全国统考免考条件的考生须填写“兰州大学网络教育学院免考申请表”,并提交相关证明材料。

* 学习中心应严格地审核考生的报名材料,及时在平台提交报名信息,打印“新生报名信息确认表”及“诚信承诺书”。

* 具有同等学力的考生应填写“兰州大学网络教育学院同等学力学生免修免考申请表”,并提交相关证明材料。

f)报考材料审核

* 学习中心应按照《兰州大学网络教育学院考生报考材料收集审核规范》对考生报考材料的真实性、完备性和一致性进行审核。学籍一经注册,学生所有信息不得再修改。

* 审核工作完成后,学习中心要及时将审核结果分类汇总,并经经办人、学习中心负责人签字确认。

g)报考材料报送

＊学习中心应按照《兰州大学网络教育学院考生报考材料收集审核规范》的具体要求，及时整理报考材料，认真分类汇总，并按时将报考材料报送学院。

＊报考材料的收集审核工作应于入学考试前完成。在入学考试结束后一个工作日内(或随同入学考试试卷)，学习中心应将报考材料及各类汇总表寄至学院招生管理办公室。

支撑文件

兰州大学网络教育学院招生工作管理办法

兰州大学网络教育学院考生报考材料收集审核规范

记录单

兰州大学网络教育学院考生报名材料收集情况记录单

兰州大学网络教育学院新生数码照片收集情况记录单

1.4 入学考试

业务概述：安排学习中心组织考生进行入学测试。

目的

确保入学考试工作顺利进行。

范围

适用于所有新入学学生的考试组织及对试卷的评阅工作。

职责

a) 主管领导

负责审批考试相关文件，对考试组织工作进行监控。

b) 招生管理办公室

汇总各学习中心试卷预约情况，报送考务部。

c) 考务部

根据招生办公室提供的学习中心试卷预约汇总表组织试卷印制。

程序

a)试卷预约

招生办公室将各学习中心的试卷预约数量汇总,报送考务部。

b)考试命题

考务部组织辅导教师按规定的范围命制入学考试试题，并提供考前辅导内容。

c)试卷印制

考务部组织印刷厂印制试卷,并对试卷进行保密存放。

d)试卷派发

考务部根据具体考试时间寄发试卷，确保各学习中心在考前2~3天收到试卷。

e)安排巡考

根据学习中心的考试人数和学院各业务部门的需要安排巡考教师。

f) 考试实施

学习中心在学院规定时间安排考场和选聘监考教师,组织考生参加考试。

g) 回收、评阅试卷

学习中心在考试结束后24小时内将试卷邮寄回学院,考务部回收全部试卷后,组织辅导教师进行集中阅卷。

h) 成绩单移交

阅卷结束后考务部统计每门课程的实际考试人数,在规定时间内将考生成绩单造册移交招生办公室。

支撑文件

《兰州大学网络教育学院招生工作管理办法》

《兰州大学网络教育学院监考人员守则》

《兰州大学网络教育学院考场规则》

《兰州大学网络教育学院学生考试作弊处分暂行规定》

《兰州大学网络教育学院评卷工作细则》

记录单

兰州大学网络教育学院××批次入学考试试卷预约汇总表

兰州大学网络教育学院入学考试试卷派发单

兰州大学网络教育学院××批次入学考试试卷交接单

兰州大学网络教育学院××批次入学考试试卷领阅表

兰州大学网络教育学院××批次入学考试成绩交接单

兰州大学网络教育学院成绩复查记录单

1.5 新生录取

业务概述：新生录取工作是根据考生的入学考试成绩及资格审核结果，按照招生计划择优录取的过程。

目的

对学院录取工作的实施过程进行有效的管理和监督。

范围

适用于对学院新生录取工作诸环节的控制。

职责

a)主管领导

负责确定新生录取原则及录取分数线。

b)招生管理办公室

负责新生录取工作的实施及入学资格的复审。

c)学习中心

负责新生入学资格的初审及新生注册工作。

程序

a)确定录取分数线

* 根据入学考试成绩段的分析统计，招生管理办公室制定新生录取原则，划定预录取分数线，并报主管领导审批。

* 主管领导根据各成绩段的人数比例，确定新生录取原则及录取分数线。

b)入学资格审核

* 根据《兰州大学网络教育学院考生入学资格审核办法》，学习中心应对考生的入学资格进行严格的审核，认真填写“兰州大学网络教育学院入学资格审核明细表”，经学习中心经办人、负责人签字确认后，与专升本学生的专科学历认证报告或网查结果装订成册，并在入学考试结束后一个工作日内(或随同入

学考试试卷)，寄至学院进行复审。

* 在录取工作开始前，招生管理办公室应对考生的入学资格进行严格的复审。复审工作主要是对学习中心的汇总信息与所附材料、考生的基本信息与证明材料的齐备性，以及考生的入学资格、免修免考资格的真实性进行检查或复查，并填写“入学资格审核情况记录单”。

c)录取

* 招生管理办公室根据录取分数线及“兰州大学网络教育学院入学资格审核明细表”，通过平台按学习中心、培养层次进行录取操作。

* 对报考材料不齐备或不能按要求提供报考材料的考生，学院将不予录取。

* 对入学资格不符合要求(无学历认证报告、无网查结果、虚假证书，信息数据不一致，年龄未满18周岁)的考生，学院将不予录取。

* 对符合录取条件而未被录取的考生，应填写“未录取学生申请复查记录单”，核实未录取的原因。其中因考试成绩未达分数线者，应对考试成绩及试卷进行复查，落实考试情况，确保录取工作万无一失。

* 招生管理办公室依据录取名单打印录取通知书，并寄给学习中心进行发放。学习中心应及时向被录取人发放录取通知书，并做好新生的报到、注册及缴费工作。

* 录取结果将及时在学院平台发布，保证考生能在学院网页上查询到录取信息。

d)课程进修生转学历生

申请课程进修生转学历生的学生，需在入学考试前向学习中心提交“兰州大学网络教育学院课程进修生转正申请表”，经学习中心审核盖章后，与“兰州大学网络教育学院课程进修生转学历生汇总表”一并报学院审批。

支撑文件

《兰州大学网络教育学院招生工作管理办法》

《兰州大学网络教育学院考生入学资格审核办法》

记录单

兰州大学网络教育学院入学资格审核材料收集情况记录单

兰州大学网络教育学院入学资格审核情况记录单

兰州大学网络教育学院入学资格审核明细表(分层次)
兰州大学网络教育学院录取通知书发放记录单
兰州大学网络教育学院未录取学生申请复查记录单
兰州大学网络教育学院课程进修生转正申请表
兰州大学网络教育学院课程进修生转学历生汇总表

1.6 数据上报与归档

业务概述:整理、统计、汇总学生报名、入学考试、录取等相关数据信息,并根据教育部文件要求,上报相关数据信息。

目的

统计分析学院招生录取情况,了解生源结构,为制订教学计划等提供参考依据。

范围

适用于春、秋两季招生录取情况的统计汇总,新生报名材料的收集、整理及归档。

职责

a)主管领导

负责上报数据的审批。

b)招生管理办公室

负责新生数据信息的统计、汇总,新生报名材料的审核、归档。

c)学生管理部

负责新生档案材料的管理工作。

程序

a)数据汇总

* 招生管理办公室根据新生录取结果,制作以学习中心为单位的“兰州大学网络教育学院各学习中心录取情况统计表”,并提供给教学管理中心、学生管理部、财务部等相关部门进行报到、注册、缴费、开课等工作。

* 招生管理办公室根据录取结果，统计分析录取数据，并撰写招生工作总结。

b)数据报送

* 根据教育部文件要求，招生管理办公室应及时汇总新生录取信息，填写上报备案表。

* 招生管理办公室应根据教育部数据上报时间要求，及时将新生录取信息上报至“高等学校网络教育质量监管系统平台”进行备案。

* 根据录取结果，及时打印“兰州大学网络教育学院新生录简表”，并由经办人、主管院长、院长审核签字，上交学校纪委、教委确认盖章，最后交学院办公室和学校档案馆存档。

c)报考材料的复审

* 招生管理办公室根据考生报考材料，审核新生数据信息，并填写“招生管理办公室新生报名材料审核情况记录单”及“兰州大学网络教育学院报考材料收集情况反馈表”。

* 复查工作结束后，招生管理办公室要及时将复查结果反馈至学习中心，并与学习中心进行确认。

d)报考材料的归档

考生报考材料审核工作结束后，及时将“兰州大学现代远程教育考生报考档案卡”及“兰州大学网络教育学院新生报名信息确认表”移交至学生管理部进行归档。

支撑文件

《兰州大学网络教育学院招生工作管理办法》

记录单

兰州大学网络教育学院各学习中心录取情况统计表

兰州大学网络教育学院各专业录取情况统计表

兰州大学网络教育学院新生报名材料审核情况记录单

兰州大学网络教育学院报考材料收集情况反馈表

兰州大学网络教育学院新生档案材料移交情况记录单

2 教　学

业务概述:教学是教师的教和学生的学所组成的一种人类特有的人才培养活动。通过这种活动,教师有目的、有计划、有组织地引导学生积极自觉地学习并加速掌握文化科学基础知识和基本技能,促进学生全面提高素质,使他们成为社会需要的人才。学院的教学工作主要包括制订教学计划、课程策划以及教学实施等。

2.1 制订计划

业务概述:教学计划是保证教学质量和人才培养的总体设计和实施方案,是对教学内容和教学方法进行细致的规划和安排,是实现人才培养目标的重要环节。

目的

制订教学计划,确保为教学过程的组织和教学任务的安排提供基本依据。

范围

本业务适用于所有在籍学生课程的教学安排。

职责

a)主管领导

指导并监督教学管理部拟订教学计划方案并负责审批。

b)教学管理部

根据学院招生计划拟订并完善教学计划方案,公布教学计划并组织实施。

c)专家小组

负责对已拟订教学计划方案进行论证。根据论证结果,填写“兰州大学网络

教育学院教学计划评审意见表”。

d)教学指导委员会

对专家组论证后的教学计划方案进行再次讨论。

e)院长

审批并确定教学计划。

程序

a)拟订(修订)教学计划

根据学院人才培养方案拟订教学计划草案。

* 教学计划主要内容包括:培养对象、专业培养目标、人才培养规格和基本要求以及修业年限;课程设置及主要内容、教学进程安排;在校时间分配、学期时间分配、实践教学环节;必要的说明。

b)报主管院长审核

c)专家论证

* 教学管理部提出拟聘专家名单,经主管院长审核,组成专家组。

* 学院组织专家召开论证会,根据网络教育的特点和专业要求,对教学计划进行论证。

* 专家组根据论证结果,填写“兰州大学网络教育学院教学计划评审意见表”。

d)确定教学计划

将教学计划提交教学指导委员会讨论,确定教学计划。

e)院长审批

f)公布实施

教学管理部公布教学计划并组织实施。

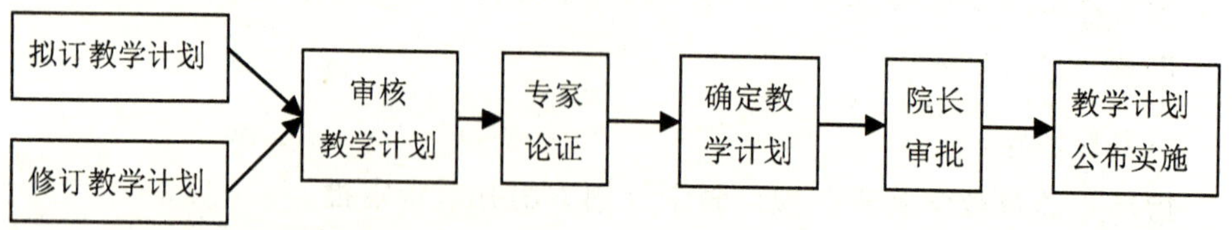

* 教学管理部会根据社会对专业知识能力结构等要求的变化对专业教学计划做相应的修改和调整。教学计划原则上每三年修订一次。

支撑文件

《兰州大学网络教育学院学历教育专业设置规定》

《兰州大学网络教育学院教学计划管理办法》

《兰州大学网络教育学院教学计划制订(修订)工作流程》

记录单

兰州大学网络教育学院教学计划评审意见表

兰州大学网络教育学院教学计划评审专家信息表

兰州大学网络教育学院教学计划论证专家评审意见汇总表

兰州大学网络教育学院教学指导委员会讨论记录单

兰州大学网络教育学院教学计划制订(修订)记录单

2.2 课程策划

业务概述:网络课程策划,就是对课程的教学理念、教学方式、学习方法、教学步骤和计划、课程表现方式、采用技术方案等诸多因素的整体统筹。网络课程策划既要体现教育的理念,融进最新的教育理论的成果,同时又要考虑到技术方面的优势和制约,最重要的是要有所创新,要突破课堂教育的限制,扩展教育理论的运用。

目的

根据学院要求拟订课程策划方案,并协助相关课程老师完成课程策划相关工作,具体包括课程教学大纲的编制、课程教学实施方案的编制、课件策划书的编制以及课程教材的确定等工作。

范围

本文件适用于学院网络课程策划的管理和协调。

职责

a)主管领导

负责指导并监督教学管理部拟订课程策划方案并审批。

b)教学管理部

负责制订年度课程开发计划。

c)资源建设中心

负责聘请课程主讲教师,组织课程策划小组,进行课程的策划工作。

d)课程教师

课程教师是课程策划小组的核心,负责策划课件的内容、教学内容表现形式、实验实习、教学进度安排、所需素材、各部分完成时间等。

程序

a)制订年度课程开发计划

教学管理部根据教学计划的安排制订年度课程开发计划,经主管院长审核后交资源建设中心。

b)组织课程策划小组

资源建设中心根据年度课程开发计划聘请课程主讲教师,组织主讲教师、教学设计人员、美工人员等组成课程策划小组。

c)课程策划

* 课程策划小组根据课程要求和网络教育的特点,按照《兰州大学网络教育学院课程教学大纲编制规范》《兰州大学网络教育学院课程教学实施方案编制规范》以及《兰州大学网络教育学院网络课件脚本设计要求》,讨论形成《课程教学实施方案》(即《兰州大学网络教育学院课程教学实施方案编制规范》格式)。

*《课程教学实施方案》的内容应包括课件的内容、教学内容表现形式、实验实习、教学进度安排、所需素材、各部分完成时间及责任人等。

d)网络课程开发

资源建设中心根据《课程教学实施方案》组织网络课程的开发工作。

支撑文件

《兰州大学网络教育学院课程教学大纲编制规范》

《兰州大学网络教育学院课程教学实施方案编制规范》

记录单

兰州大学网络教育学院网络课件脚本设计要求

兰州大学网络教育学院课程开发计划

2.3 教学实施

业务概述:教学实施是实现教学目标的中心阶段,主要是根据教学计划的进度安排,为学生进行选开课、布置作业、辅导答疑、实习实践、课程考试、成绩管理等教学活动的过程。

2.3.1 选开课

业务概述:依据教学计划中设置的学期课程,按照不同批次学生所处的学期需要学习的课程,为其进行选开课操作。

目的

选开课是组织教学活动的首要环节和基础, 用以保证教学活动的正常开展。

范围

适用于学院教学内容的安排和提供、选开课工作的组织和实施等教学环节的控制。

职责

a)主管领导

负责对教学环节工作进行审核,监督相关工作的完成情况。

b)教学管理部

负责选开课工作的具体实施。包括制订开课计划、选开课以及开课的检查工作。

程序

a)制订开课计划

* 教学管理部根据各批次的教学计划,在每年5月、11月编制下一学期各专业批次的开课计划。开课计划的内容包括各专业批次的开设课程、课程的推荐教材、实习实践的安排等。

* 教学管理部对制订的开课计划进行核对,确保各专业批次开设的课程准确无误。

* 开课计划经主管院领导审批后，在每年6月初、12月初发布下一学期开课有关事项的通知，具体内容包括各批次开课时间、开课计划及实习实践课程的相关要求等。

b)选开课工作

* 批量选开课。教学管理部根据每学期开课计划中的课程安排，按照学院规定的开课时间在教学管理平台上通过入学批次、学期、层次、专业等不同条件筛选出学生进行批量选开课。

* 单独选开课。在选课时间截止后，由于学籍异动等原因导致的未开课学生，则通过代选开课的方式单独选开课。

* 核对选开课信息。开课完毕后，对各专业批次的学生的开课信息进行核对，保证开课的准确无误。

记录单

兰州大学网络教育学院××批次各专业开课计划

兰州大学网络教育学院选开课记录单

2.3.2 免修、免考、代修

业务概述：根据学院相关规定，对符合免修、免考和代修的学生进行审核，并在管理平台上进行相关的操作。

目的

对有学习经历的学生进行部分课程的免修、免考和代修，减轻学生的学习负担。

范围

适用于学院免修、免考和代修工作的组织和实施。

职责

a)主管领导

负责对教学环节工作进行审核，监督相关工作的完成情况。

b)招生管理办公室

负责审核入学时申请免修、免考和代修学生的相关证明材料，向教学管理部提供申请免修、免考和代修的申请汇总表。

c)教学管理部

负责在学生入学时接收招生管理办公室移交的免修、免考和代修申请汇总表，并在教学管理平台进行相应的操作。以及学生在读期间审核免修、免考及代修课程的申请及相关证明材料，办理学生的免修、免考和代修。

程序

a)免修

* 招生管理办公室负责审核申请同等学力免修学生的相关证明材料，并于开课前3日向教学管理部提供“同等学力学生免修免考申请汇总表”。

* 教学管理部根据“同等学力学生免修免考申请汇总表”在教学管理平台上对学生进行课程免修的操作，并将审核结果反馈给学习中心。

b)免考

* 学生若入学时达到课程免考资格，由学习中心收集汇总学生的免考申请和相关证明材料，交招生管理办公室。招生管理办公室负责审核申请免考学生的相关证明材料，并于开课前3日向教学管理部提供“免考申请汇总表”。

* 教学管理部根据“免考申请汇总表”在教学管理平台上对学生进行课程免考的操作，并将审核结果反馈给学习中心。

* 学生若在读期间达到课程免考资格，则于每学期开学前两周内向所在学习中心提出免考课程申请，并向学习中心提交专业毕业证书或单科结业证书(或相应证明)、原毕业学校制定下发的毕业成绩登记表、学习成绩证明等有关文件的电子版。

* 学习中心汇总申请课程免考学生名单，并于开课前10日在教学管理平台上提交免考申请，上传相关材料的电子版本。

* 教学管理人员根据学习中心课程免考学生汇总名单，在管理平台上进行审核，对符合免考条件的学生进行课程免考的操作，并将审核结果反馈给学习中心。

c)代修

* 当学生在入学时年龄达到40周岁，或属于少数民族地区的少数民族学生时，可申请代修“大学英语”。学生于每学期开学前两周内向所在学习中心提出代修课程申请。

* 学习中心汇总申请代修课程学生名单，学生入学时向招生管理办公室提交申请及证明材料，招生管理办公室负责对证明材料进行审核。

* 招生管理办公室将审核通过的代修学生名单交教学管理部，教学管理部根据该名单，对符合代修条件的学生进行课程代修的操作，并将审核结果反馈给学习中心。

支撑文件

《兰州大学网络教育学院免修免考课程管理办法》

《兰州大学网络教育学院关于“大学英语”代修的规定》

记录单

兰州大学网络教育学院免考申请表

兰州大学网络教育学院免考申请汇总表

兰州大学网络教育学院同等学力学生免修免考申请表

兰州大学网络教育学院同等学力学生免修免考申请汇总表

兰州大学网络教育学院课程免修、免考、代修审核记录单

2.3.3 入学教育

业务概述：组织新生进行“入学教育”课程的学习，指导学生了解远程教育的基本特点和网络基础技术，做好进行远程学习的准备，初步掌握应对学习困难的解决办法等。

目的

对学院新生入学教育环节进行控制，指导学生了解和熟悉学院远程教育的相关情况及远程教育的学习方法。

范围

适用于学院新生入学导学的组织和实施过程的控制。

职责

a)主管领导

负责对入学教育环节工作进行审核，监督相关工作的完成情况。

b)教学管理部

负责组织“入学教育”课程的开课、作业布置、课程答疑等工作，并对相关环节进行监督和督促。

c)学习中心

负责组织学生开展“入学教育”课程的学习,督促学生按时完成作业。

程序

a)学生学习“入学教育”课程

教学管理部负责发布学生“入学教育”课程学习的通知,学习中心在新生开课后第一个月组织学生通过纸质教材和网络课程学习《远程教育入学指南》《兰州大学网络教育学院学生手册》《兰州大学网络教育学院教学管理平台使用手册》。学生通过光盘或登录教学管理平台点播“入学教育”课程,并在课程论坛向辅导教师提出学习中遇到的问题。

b)布置“入学教育”课程的作业

教学管理部在新生开课时布置4套计时作业，每套作业规定学生在25分钟内完成15道作业题目,作业题目随机抽取,作业开放时间为开课后2个月。

c)督促学生完成“入学教育”课程的学习

教学管理部在作业关闭前10天通过短信提醒学生完成作业,督促学生按时完成该门课程的学习。

d)总结汇总“入学教育”课程的学习情况

学习中心根据学生的学习情况、教学情况和考核情况,将课程教学反馈信息和入学教育总结交教学管理部,总结汇总学生入学教育学习情况。

支撑文件

《兰州大学网络教育学院入学教育实施方案》

记录单

兰州大学网络教育学院“入学教育”课程总结

兰州大学网络教育学院“入学教育”完成情况统计表

2.3.4 作业管理

业务概述:组织教师进行作业的命题,通过作业系统上传到学习平台,并督促学生在规定时间内完成课程作业。

目的

对学院学生的学习过程进行控制,提供课程的作业内容,并进行作业题库的建设。

范围

适用于布置作业、完成作业和作业题库建设工作的组织和实施。

职责

a)主管领导

负责对作业管理工作进行审核,监督相关工作的完成情况。

b)教学管理部

负责建设课程作业题库、布置课程作业,以及监督、督促学生按时完成作业。

c)教师

负责作业题的命题工作,对部分主观作业题进行评阅。

程序

a) 建设作业题库

* 教学管理部根据作业题库的情况,制订作业题库建设计划,主要针对新开课程、作业题目较少的课程、更新的课程等。

* 教学管理部组织教师建设作业题库。教师根据作业题库的要求,在规定时间内布置作业题目。

* 教学管理部对题目进行审核,将作业题目导入作业系统,并设置题目抽取参数(题目难度、分数、类型等),及时在教学管理平台上发布每门课程的4套作业。

b)布置课程作业

* 教学管理部在学生开课后根据开课计划布置每门课程的4套作业,每套作业25道题目,作业形式为不计时、以客观题为主。作业题目随机抽取,确保学生的学习质量。

* 作业布置完后,教务管理人员按照课程逐一检查作业的布置情况,确保每门课程作业均已布置。

c)评阅作业

教务管理人员组织教师对涉及的主观题进行评阅。

d)督促学生完成作业

教学管理部在作业关闭前一周发短信提醒学生按时提交作业,同时发短信提醒学习中心,督促其完成作业督导职责。

e)作业评价

* 作业评价由作业难易度评价和作业完成情况评价两部分组成，由教师和学生共同实施。教学管理部在课程作业全部上交完成后，在平台上发布针对教师和学生的作业难度的调查问卷。由教师根据学生提交的作业进行统计分析，对作业完成情况进行评价。

* 教学管理部收集所有的问卷进行分析，根据作业评价结果，对作业题量、难易度和作业时间做相应调整。

f)统计分析作业完成情况

作业平台关闭后，教学管理部根据学生完成作业的情况进行统计分析。根据统计分析的结果，有针对性地加强对学生的支持服务。

支撑文件

《兰州大学网络教育学院课程作业管理办法》

《兰州大学网络教育学院学习过程考核管理办法》

记录单

兰州大学网络教育学院作业评价分析表(教师/学生)

兰州大学网络教育学院课程作业题库建设汇总表

兰州大学网络教育学院学生作业完成情况统计汇总表

兰州大学网络教育学院布置作业记录单

2.3.5 课程辅导

业务概述：课程辅导主要是学生在学习过程中，教师给予必要辅导的过程，主要形式为课程导学，课程论坛答疑，语音答疑，电话、电子邮件答疑等。

目的

对学院辅导答疑的教学过程进行监督，保证各辅导答疑环节能顺利完成，满足学生自主与交互学习的需求。

范围

适用于本学院教学辅导内容的安排和提供，辅导答疑教学环节的控制。

职责

a)主管领导

负责对辅导答疑过程进行审核，监督相关工作的完成情况。

b)教学管理部

负责教学辅导的组织和实施,监督、督促辅导教师完成各项辅导工作。

c)辅导教师

负责课程导学,课程论坛答疑,语音答疑和电话、电子邮件答疑等工作。

程序

a)制订课程辅导计划

* 每学期初制订本学期课程辅导计划,经主管院长审批后在学院网站发布。

* 根据辅导计划,为辅导教师安排答疑课程,并在教学管理平台为辅导老师分配教师平台账号。

b)课程导学

* 课程辅导管理人员制订导学资料发布计划。

* 辅导教师在规定时间内将导学电子资料定期上传至教师平台,供学生下载学习。内容分为两部分,开篇导学:开学后一周内上传,包括课程主要内容、学习目的及方法、学习进度计划、参考书目、辅导材料等。阶段导学:开学后一个月后上传各个章节的重点、难点的讲解;开课两个月后针对学生的问题,提供答疑问题库或案例分析库;课程考试前教师准备考前辅导资料,答疑结束后上传。

* 课程辅导管理人员监控并检查教师上传的资料,包括是否在规定的时间内发布、是否符合文档要求、文件是否可以下载等,提醒辅导教师以规定格式按时发布。

c)课程论坛答疑

* 辅导教师根据教学内容的重点、难点和学习进度,定期发布一些讨论题,组织学生参加讨论,并在线给予指导。

* 学生在课程论坛上提出的问题,辅导教师须在48小时内给予答复,最长不得超过72小时。同时辅导教师应定期对学生的提问做总结,发布常见问题供学生参考学习。

* 课程辅导管理人员应定期监控辅导教师在课程论坛的答疑工作,对未按时回复学生帖子的教师进行督促。

d)语音答疑

＊教学管理部发布语音答疑安排,在答疑开始前一周公布答疑的时间和答疑主题;答疑前在管理平台上开通课程的语音视频教室。

＊教学管理部提前准备好语音答疑设备, 安排辅导教师按照安排的时间在学院指定地点进行语音答疑,并予以辅助,协助解决临时出现的问题。

＊整个答疑过程应用答疑设备中的录制功能做现场录制。答疑结束后,教学管理部将答疑录像、录音及文字资料发布在网上,供没有参加答疑的学生下载使用。

＊学习中心应为学生参加辅导答疑提供必要的条件和技术支持,并安排至少一名管理人员监控提问过程;应提前组织学生整理需要提出的问题,避免同一个问题重复提问;必须采取有效措施组织所有学生参加。

e)电话、电子邮件答疑

学生通过学院服务电话或邮箱咨询有关教学问题,学生服务部将该问题转给教学管理部,教学管理部要在24小时内将问题转述给课程辅导教师,辅导教师须在24小时内将答案回复教学管理部,再由教学管理部转给学生服务部,由学生服务部回复学生。

f)辅导答疑分析

教学管理部课程辅导管理人员要定期对教学辅导工作进行分析。主要是按月度统计分析导学资料的到位率、课程论坛的教师回复率、语音答疑情况、专题讨论情况等,并进一步分析学生的学习情况、教师的工作情况等,为教学改革提供依据。

支撑文件

《兰州大学网络教育学院学习过程考核管理办法》

《兰州大学网络教育学院辅导答疑实施办法》

《兰州大学网络教育学院课程论坛文明公约》

《兰州大学网络教育学院语音辅导答疑管理规定》

记录单

兰州大学网络教育学院教学辅导安排表

兰州大学网络教育学院语音答疑安排表

兰州大学网络教育学院辅导情况分析表

兰州大学网络教育学院教学辅导记录单

2.3.6 实践教学

业务概述:实践教学包括实验、实习、毕业论文(设计)及答辩、社会调查等。学院的实践教学工作主要是组织学生进行毕业论文(设计)的设计写作,以及部分课程的实习活动等。

2.3.6.1 毕业论文(设计)

业务概述:组织本科层次的学生进行毕业论文(设计)的设计写作,安排教师给予指导和评阅,并进行监督和督促,确保学生按时完成各阶段的毕业论文(设计)写作。

目的

组织本科层次的学生按时完成毕业论文(设计)的设计写作。

范围

适用于所有本科层次的学生参与进行毕业论文(设计)写作和指导教师进行写作指导。

职责

a)主管领导

负责对毕业论文(设计)工作进行指导和监督。

b)教学管理部

负责组织学生进行毕业论文(设计)的设计写作,审核教师资格,对教师指导和评阅工作进行监督和督促。

c)学习中心

负责组织学生毕业论文(设计)的设计写作,负责监督和管理本中心聘请的指导教师。

程序

a) 制订并发布毕业论文(设计)写作计划

学院一年组织两次毕业论文(设计)写作,分别为5月和11月。教学管理部在毕业论文(设计)写作开始前1个月发布毕业论文写作的计划,主要内容是当次毕业论文(设计)写作涉及的专业批次、各阶段时间安排、报送论文选题的要求等。

b)聘请教师

＊毕业论文(设计)的教师包括指导教师和评阅教师。指导教师由学习中心聘请,评阅教师由学院聘请。

＊学习中心聘请指导教师对学生的毕业论文(设计)进行指导和评阅。学习中心在规定时间内提交“毕业论文(设计)指导教师资格审核表”,交学院审核。

＊学院负责聘请毕业论文(设计)的评阅教师,并对学习中心上报的毕业论文(设计)指导教师的教师资格进行审核,将审核通过的教师录入平台,不符合资格的教师不予聘请。

c)设置毕业论文(设计)平台参数

＊教学管理部根据教学计划的安排在教学管理平台上开放毕业论文(设计)课程。

＊教学管理部在教学管理平台上依次设置论文批次、论文写作时间、当前论文指导教师、当前论文方向、论文写作模板等参数。

d) 申请

学生在学习平台上进行毕业论文(设计)的申请,根据自身情况选择论文方向和题目。

e)分配方向

教学管理部根据申请情况,通过教学管理平台对每个学生进行论文方向和论文教师的分配,并检查分配后的结果,对不合理的分配进行调整。将申请结果和调整好的分配结果在平台公布。

f)下达任务书

指导教师根据学生所选择的论文方向给所指导的每个学生下达任务书,通过任务书的形式进行写作前的指导。

g)学生论文写作

学生根据任务书的内容,结合自己的专业和工作,完成开题报告以及初稿、定稿、终稿等各阶段稿件,并参考教师的指导意见后上传到平台。

h)教师指导和评阅

指导教师和评阅教师要对学生上传的开题报告以及各阶段稿件进行指导和评阅,提出修改意见或建议,并评定分数。

i)答辩

＊毕业论文(设计)答辩的申请采取自愿的方式。学生在完成毕业论文(设计)写作后,需要进行答辩的在毕业论文(设计)平台进行毕业论文(设计)答辩

的申请。

* 答辩申请结束之后,确定答辩名单。

* 教学管理部聘请教师成立答辩小组,利用远程答辩或现场答辩的方式组织学生答辩。

j)成绩发布

* 答辩结束之后，教学管理部教学实践管理人员将答辩成绩录入平台,并根据成绩核算规则对学生毕业论文(设计)的总成绩进行核算。

* 教学管理部将参加答辩和未参加答辩的学生毕业论文(设计)总成绩在教学平台上予以公布。

支撑文件

《兰州大学网络教育学院本科生毕业论文(设计)工作暂行规定》

记录单

兰州大学网络教育学院毕业论文(设计)学生申请情况统计表
兰州大学网络教育学院毕业论文(设计)完成情况汇总表
兰州大学网络教育学院毕业论文(设计)指导教师资格审核表
兰州大学网络教育学院毕业论文(设计)答辩评阅表
兰州大学网络教育学院毕业论文(设计)答辩记录单
兰州大学网络教育学院毕业论文(设计)写作监督记录单

2.3.6.2 实习

业务概述:学院根据教学计划,安排部分专业和课程的实习。学习中心组织学生进行实习活动,学院对学习中心的组织管理过程进行监督,确保实习环节的顺利完成。

目的

在学院的监督和学习中心的组织下确保学生按时完成实习。

范围

适用于学院、学习中心对学生实习活动地指导、组织和监督管理。

职责

a)主管领导

负责对学生实习管理活动进行指导与监督。

b)教学管理部

负责发布实习通知,对学习中心的组织、管理进行监督和督促。

c)学习中心

负责组织学生参加实习活动,收集学生的实习鉴定表和实习报告,并上报学院。

程序

a)发布实习通知

根据教学计划的安排,教学管理部发布实习通知,包括实习课程、实习时间、实习材料等要求。

b)学习中心组织实习

学习中心根据学院的要求,组织学生进行实习活动。包括通知学生实习的要求、为学生提供实习场所、监督和督促学生按时完成实习活动等。

c)学生提交实习材料

实习结束后,学生须填写实习鉴定表并撰写实习报告,在规定时间内提交给学习中心。学习中心收集、审核后上交学院。

d)实习成绩的评定

教学管理部审核学习中心提交的实习鉴定表和实习报告后,对学生的实习成绩进行最终评定,录入平台后发布。

支撑文件

《兰州大学网络教育学院教学实践环节实施方案》

《兰州大学网络教育学院实践教学质量监控与评价办法》

记录单

兰州大学网络教育学院实习完成情况汇总表

兰州大学网络教育学院实习监控记录单

2.3.7 课程考试

业务概述:负责学院的课程考试组织实施工作,具体包括发布考试通知、开通考试预约、组织学习中心安排考场、组织命题、组织印制试卷等,并在考试期间安排巡考,考后组织阅卷。

目的

保证考试工作顺利进行和阅卷工作按期完成，获得学生的真实卷面成绩，根据卷面成绩分析学生对所学知识和技能的掌握程度，逐步改进工作，使学生的考试成绩对教学工作能起到反馈作用。

范围

适用于学院课程考试工作的组织和实施。

职责

a)教学部

负责提供辅导教师资料，开课计划等相关内容。

b)学习中心

负责考试实施工作。

c)考务部

负责考前各项工作的准备，组织考试和考后阅卷等工作。

程序

a)制订考试计划

考务部在考前两个月应根据教学部提供的开课计划和学生选课情况制订考试计划。

b)设置考试参数

考务管理人员根据考试计划，在学院管理平台设置该考试批次下的场次、考试预约时间、考场安排时间、考试科目、考试时间等，并设置课程优先级，避免学生课程冲突。

c)发布考试通知

考务部于考前一个月在学院网站上发布考试通知，并通过电话、短信、QQ等方式通知学习中心和学生考试的预约时间、考场安排截止时间。

课程考试平台设置流程图

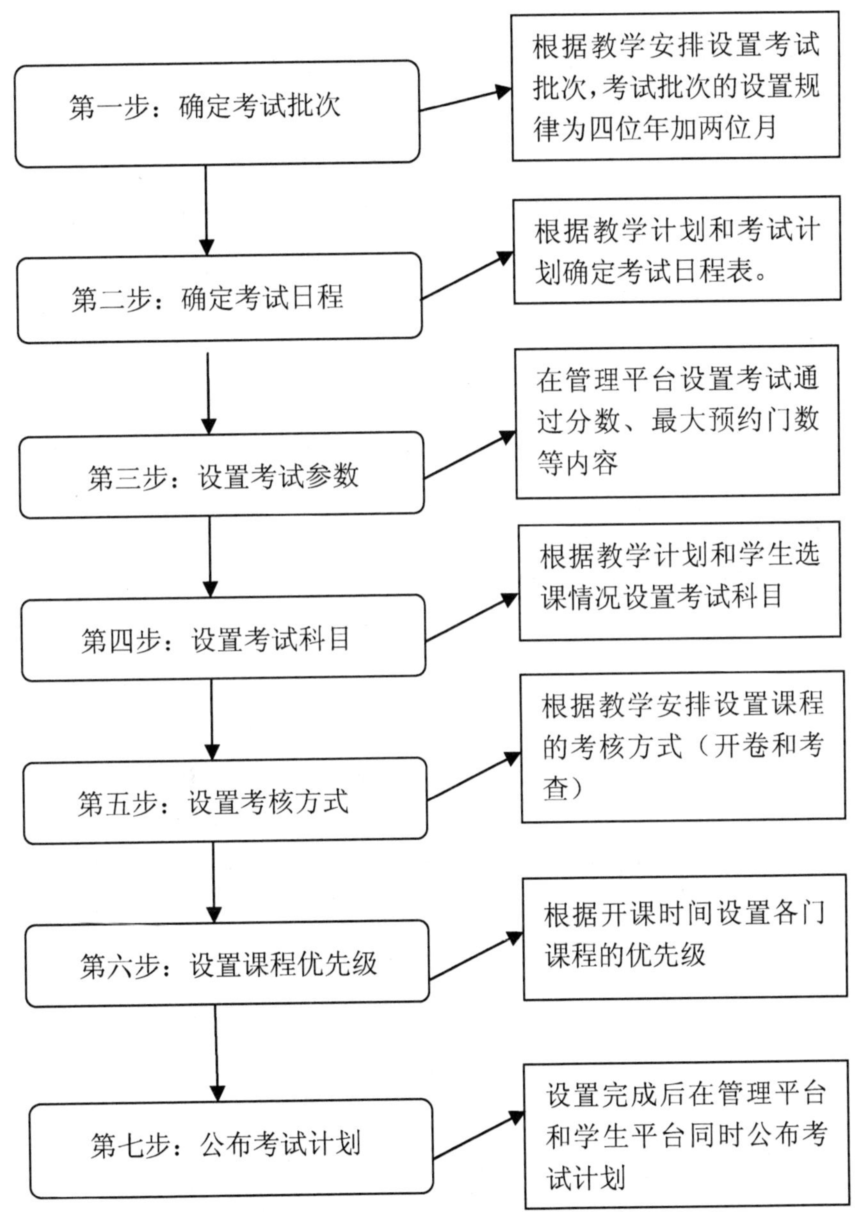

d)考试命题

考务管理人员于考前两个月根据考试计划采用试题库系统组卷，对于新开设的课程，组织主讲教师或辅导教师提供所带课程的A、B两套试题（含标准答

案),考务管理人员在组卷和收到试题后导入统一规定的试卷模板,保存试题并做好保密工作。详见《兰州大学网络教育学院试卷管理办法》。

e)考试预约

根据考试计划,考务部在管理平台于考前三个月开通考试预约功能,供学生和学习中心进行考试预约,以前批次考试不合格的学生可以在下一批次考试预约开始后,在优先级允许的情况下直接进行考试预约。

* 集体预约:学习中心可以为完成学期课程学习的学生进行考试集体预约。状态为预约全部需要考试的课程。

* 学生预约:学生可以自己在学生平台预约符合条件的考试科目。可选择性地预约,也可全部预约需要考试的科目。在规定的时间内(即尚未安排考场的情况下),学生还可以取消或添加考试预约。

* 代学生预约:学习中心可以操作代学生预约,分专业层次对学生逐一进行预约;学院可为因特殊原因未在规定时间内正常预约的学生,在考场安排未完成前进行补预约。

* 借考申请:学生必须在考试预约开始前一周填写借考申请表,经所在学习中心初审签署意见后交学院考务部,考务部审核批准后,为借考学生准备试卷实施借考。

* 预约查询:考务部公布预约相关信息后,学生可以在规定时间内,通过学生平台查询考试预约、考场安排等情况,并下载打印准考证参加考试。

f)考场安排

学习中心在规定时间内通过平台添加教室、确定考场、考场最大安排人数、监考教师等考场信息;根据预约考试人数设置考场,教室的最大安排人数一般为30人;学习中心选择考场安排后系统会按照考场资源的设置和学生的预约科目,自动为学生安排考场。对于需要调整的可以选择局部调整,合理安排每个考场。

g)试卷印制

* 考务部根据学习中心考场安排的结果汇总试卷种类和数量,同时从平台导出试卷袋标签、考场签到表和试卷派发单。打印签到表、派发单和试题模板并指定专人移交电子和纸介材料于印刷厂印制试卷。

* 派专人监督试卷排版印制过程,解决试卷印制环节中出现的问题,监督销毁版材、废纸样和废卷子。

h)派发试卷

考务部根据试卷派发单清点核对试卷后签字确认,将试卷邮寄至各学习中心并跟踪试卷的流转环节，督促学习中心在收到试卷后及时反馈到学院考务部。省外试卷应提前一周寄出,省内试卷应提前3天寄出,兰州市内应提前一天派专人来学院领取。

i)考试实施

学院安排巡考人员,学习中心布置考场、培训监考教师并组织考试。

* 学院在考前一周根据考试人次等情况安排巡考人员。

* 学习中心根据考试要求提前布置考场,并且在考试前一天召开考务会议。

* 学生在规定的时间内查询考场安排信息(通过平台或电话查询),参加考试,每场考试前学生需在签到表上签名确认。

* 全部考试结束后，学习中心考务人员和学院巡考人员应清点封装试卷,学习中心必须在考试结束后24小时内将试卷寄回学院。

课程考试流程图

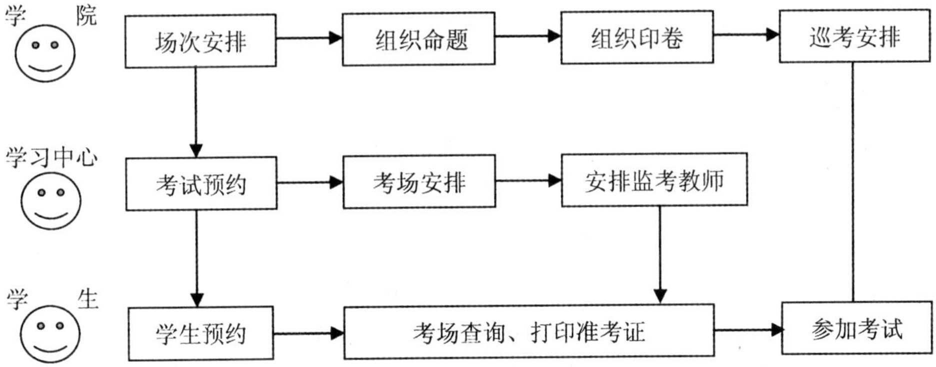

学院
场次安排
组织命题
组织印卷
巡考安排
学习中心
考试预约
考场安排
安排监考教师
学生
学生预约
考场查询、打印准考证
参加考试

j)试卷回收评阅、成绩表移交

* 回收清点试卷,组织辅导教师进行阅卷前的统一培训,强调阅卷注意事项并规定阅卷完成时间。阅卷教师在试卷领阅表上签字后领取试卷并进行评阅和成绩登录。

* 成绩表移交:考务人员收回成绩表后统计每门课程的阅卷数量,核对无误后成绩表按课程装订移交教学部,并在成绩移交表上签字确认。

k)成绩分析

评阅结束后阅卷老师需填写试卷卷面成绩分析表，考务部汇总并分析本次考试的卷面成绩。

l)考试总结

根据考试命题、考试预约、考场安排、考场纪律、巡考报告、卷面成绩分析表等方面的情况撰写考试总结并进一步改进考务工作。

支撑文件

《兰州大学网络教育学院试卷管理办法》

《兰州大学网络教育学院开卷考试规定》

《兰州大学网络教育学院巡考人员守则》

《兰州大学网络教育学院考务管理工作流程》

《兰州大学网络教育学院课程考核工作管理办法》

《兰州大学网络教育学院监考人员守则》

《兰州大学网络教育学院考场规则》

《兰州大学网络教育学院学生考试作弊处分暂行规定》

《兰州大学网络教育学院评卷工作细则》

记录单

兰州大学网络教育学院××批次考试试卷预约汇总表

兰州大学网络教育学院借考申请表

兰州大学网络教育学院考试试卷领取表

兰州大学网络教育学院××批次考试试卷派发单

兰州大学网络教育学院考试试卷卷面成绩分析表

兰州大学网络教育学院××批次考试试卷领阅表

兰州大学网络教育学院××批次考试成绩交接单

兰州大学网络教育学院巡视人员安排表

兰州大学网络教育学院成绩查询记录单

兰州大学网络教育学院试卷流转监控单

兰州大学网络教育学院试卷托运确认单

兰州大学网络教育学院××批次考试试卷印制清单

兰州大学网络教育学院考试预约监控记录单

兰州大学网络教育学院考场安排监控记录单

兰州大学网络教育学院试卷评阅问题记录单

兰州大学网络教育学院巡考教师培训记录单

兰州大学网络教育学院××批次考试值班记录单

兰州大学网络教育学院××批次考试违纪学生记录单

兰州大学网络教育学院××批次考试考点违纪情况汇总表

兰州大学网络教育学院××批次考试考点违纪情况汇总表

兰州大学网络教育学院巡考报告

兰州大学网络教育学院考点评价考核表

兰州大学网络教育学院考试预约冻结取消记录单

2.3.8 成绩管理

业务概述：成绩管理是学院课程考试成绩的管理工作。主要包括课程考试的成绩录入、复核、发布、复查；毕业生课程成绩审核、日常成绩审核；考试成绩统计分析以及成绩归档等。

2.3.8.1 成绩录入、复核、发布、复查

业务概述：学院学生课程考试成绩的录入、复核、发布、复查等工作。

目的

保证学生考试成绩准确无误，以验证学生所学知识和技能是否符合要求。

范围

适用于学院课程考试成绩录入、复核、发布和复查等一系列工作的组织与实施。

职责

a)主管领导

负责对学生课程考试成绩管理工作进行监控。

b)教学管理部

负责学生课程考试成绩的录入、复核、发布、复查等工作的具体实施。

c)学习中心

负责配合学院完成学生成绩复查工作。

程序

a)成绩录入

* 教学管理部从教学管理平台中导出课程成绩表,为录入人员分配课程。

* 考务部将纸质成绩表移交给教学管理部。

* 成绩录入人员将纸质成绩表中的成绩录入到电子版的成绩表中。

* 课程录入完毕后将课程成绩电子表导入教学管理平台。

b)成绩复核

考试成绩实行两次录入，通过教学管理平台对两次录入的成绩进行比对，检查错误,对错误的成绩进行更正。

c)成绩发布

* 教学管理部将考试成绩与平时成绩(包括作业成绩和论坛发帖成绩)合成计算当前考试批次下的全部课程总成绩。

* 针对补做作业的学生,教学管理部应根据学习中心提供的学生姓名及课程名称,在教学管理平台计算学生补做作业后的总成绩。

* 在全部课程总成绩计算完毕后,确定课程总成绩,并向学生发布。

d)成绩复查

* 学生可在成绩公布之日起两周内通过学习中心提出复查申请（需填写“兰州大学网络教育学院课程成绩复查申请表”)。

* 学习中心审核同意后上报学院。

* 成绩管理人员收到申请后进行核对,于收到申请一周内将复查结果答复学习中心。复查时,只核对有无漏判或卷面累计分是否有误。

支撑文件

《兰州大学网络教育学院成绩管理办法》

《兰州大学网络教育学院学习过程考核管理办法》

记录单

兰州大学网络教育学院课程成绩复查申请表

兰州大学网络教育学院课程成绩复查汇总表

兰州大学网络教育学院成绩交接单

兰州大学网络教育学院××课程成绩录入表

兰州大学网络教育学院课程成绩录入记录单

2.3.8.2 成绩审核

业务概述:审核学院毕业生课程成绩、单科课程成绩、毕业论文(设计)成绩以及统考成绩。

目的

确保课程成绩、毕业论文(设计)成绩和统考成绩审核无误,保证日常成绩管理正常运行。

范围

适用于学院学生的成绩审核工作。

职责

a)主管领导

负责对学生课程成绩审核工作进行指导和监控。

b)教学管理部

负责对学院毕业生课程成绩、单科课程成绩、毕业论文(设计)成绩和统考成绩进行审核,并打印相关成绩单。

c)学生管理部

负责在教学管理平台上设置毕业批次;向教学管理部提供毕业生名单以便审核。

程序

a)毕业生课程成绩审核

* 手工审核:根据学生管理部提供的毕业生名单,在教学管理平台中导出相应学习中心、批次、层次、专业的学生成绩,并在电子表格中标注学生成绩审核情况。

* 平台审核:教学管理平台自动审核毕业生的各项条件,筛选出符合及不符合毕业条件的学生,教学管理部对不符合毕业条件的学生进行复核,以确保毕业生课程成绩审核数据的准确性。

* 教学管理部将毕业生课程成绩审核结果移交给学生管理部。

* 学生管理部将毕业生审核表下发给学习中心, 根据学习中心的反馈结果,进行毕业生成绩的复审。

* 教学管理部根据学生管理部注册后的毕业生名单,印制毕业生课程成绩单(一式两份),并加盖审核人、主管领导、学院公章后转交学生管理部。

b)单科课程成绩审核

* 根据需要开具学分证明的学生提供的信息,在教学管理平台中导出学生成绩证明单,审核、打印并加盖学院公章。

* 为学生提供单科课程成绩合格证明。

c)毕业论文(设计)成绩审核

* 根据学生管理部提交的各批次毕业生名单,审核本科层次的毕业生毕业论文(设计)的成绩。

* 将审核的毕业生论文(设计)成绩结果反馈给学生管理部。

d)统考成绩审核

* 根据学生管理部提交的各批次毕业生名单,审核本科层次的毕业生统考成绩。

* 将审核的毕业生论文成绩结果反馈给学生管理部。

支撑文件

《兰州大学网络教育学院毕业管理工作流程》

记录单

兰州大学网络教育学院学生成绩证明单

兰州大学网络教育学院单科课程成绩合格证

兰州大学网络教育学院毕业生成绩表移交登记表

兰州大学网络教育学院毕业生成绩审核记录单

2.3.8.3 成绩分析

业务概述:统计分析课程考试成绩,为教学改革提供依据。

目的

通过对课程考试成绩的分析,了解教学运行中存在的问题,以便加强教学管理和提高教学质量。

范围

适用于学生课程考试成绩和毕业生成绩的统计分析。

职责

a)主管领导

负责对成绩管理工作进行全面指导和监控。

b)教学管理部

负责考试成绩统计分析工作的具体实施。

程序

a)课程考试成绩分析

* 成绩发布后,教学管理部从教学管理平台导出学生成绩,包括考试成绩和总成绩。

* 统计分析学生考试成绩和总成绩的各项数据,如及格率、各分数段比例、缺考率等数据,据此分析本次考试情况、教学组织情况,并撰写《考试成绩分析报告》。

b)毕业生成绩分析

毕业生成绩审核工作结束后,根据审核情况,对毕业生课程成绩进行统计分析,主要是分专业、分层次、分应往届等进行分析,为改进教学工作提供依据。

c)毕业论文(设计)成绩分析

毕业论文(设计)写作结束后,根据学生毕业论文(设计)成绩情况,分析毕业论文(设计)申请和各阶段论文(设计)提交、评阅情况,为改进毕业论文(设计)工作提供依据。

记录单

兰州大学网络教育学院课程考试成绩分析汇总表

兰州大学网络教育学院毕业生成绩分析汇总表

兰州大学网络教育学院毕业论文成绩分析表

2.3.8.4 成绩归档

业务概述:对课程考试成绩和毕业生成绩进行整理、归档。

目的

对课程考试成绩和毕业生成绩档案进行管理、归档,确保历年学生成绩保存完好。

范围

适用于课程考试成绩和毕业生成绩归档工作。

职责

a)主管领导

负责对成绩管理工作进行全面监控。

b)教学管理部

负责考试成绩归档工作的具体实施。

程序

a)成绩档案装盒归档

根据《兰州大学网络教育学院档案分类实施细则》对学生考试成绩表、学生成绩复查申请表等档案进行收集,并制作打印目录,装盒编号归档。

b)考试成绩备份

从管理平台导出毕业生成绩单,打印制作完毕后,将成绩单汇总整理,并刻录成光盘交办公室存档。

2.3.9 全国统考

业务概述:组织本科生按时报考、缴费,参加全国统考;为符合申请免考条件的学生办理免考,对毕业生的统考成绩进行审核。

目的

为进一步加强网络教育的规范管理,提高网络教育的社会声誉,确保网络教育人才培养的质量,根据教育部教高厅〔2004〕2号文件的精神,针对继续教育的特点,特组织学生参加网络教育学生部分公共课的全国统一考试,以便更好地检验学生掌握基础知识的水平及应用能力。

范围

适用于组织专升本和高起本层次的所有在籍学生参加全国统考的工作。

职责

a) 主管领导

负责审批需转发的全国统考相关文件。

b) 学习中心

编制并提交新增学生基本信息表和新建学习中心基本信息表,帮助忘记注册ID的学生查看用户名和密码,组织学生报考缴费并打印准考证。

c) 考务部

负责各专业、各批次的本科在籍学生的统考相关事务办理。包括学习中心用户名申请、上报新增学生基本信息、免考办理、组织考前辅导、统考成绩分析等。

程序

a)转发统考文件

考务部负责转发网考办统考相关文件和通知,并通过短信、QQ或电话等方式告知学生和学习中心。

b)考前辅导

考务部在考前将辅导资料上传到学院网站的“统考辅导”专栏,供学生下载和使用,并组织学生进行考前模拟练习;教学部组织辅导教师进行语音和视频答疑;学生根据自己的实际情况参加相应的辅导。

c)上报学习中心信息和学生信息

* 学习中心在规定时间内下载“学习中心基本信息表”和“学生基本信息表”,填写后上报学院考务部,由考务部将学习中心信息和学生信息上报到网考办统考平台。

* 如要修改学生信息,已经有成绩和报考记录的学生需由学习中心填写信息修改申请并发传真至学院,学院统一上报网考办,经审核批准后方可修改信息;无成绩单的学生只需提供申请至学院,学院直接修改信息。

d)报名和缴费

符合统考条件的学生根据通知要求自主报名和缴费。如果学生报考缴费有困难,可由所在学习中心替代完成。报名结束后,在规定的时间内,学生即可在网上下载打印准考证,参加考试。(如下图)

e)统考免考审核上报

符合免考条件的学生,在规定时间内填写统考免考申请表,并备相关证书复印件,上交学习中心,学习中心进行初审。若初审合格学习中心将在初审合格的纸质汇总表和免考申请表上签字盖章, 同时将纸质和电子版免考申请汇总表上交学院考务部。学院审核并签署意见后,考务部在统考平台上进行免考上报,并将未通过审核的学生名单公示。(如下图)

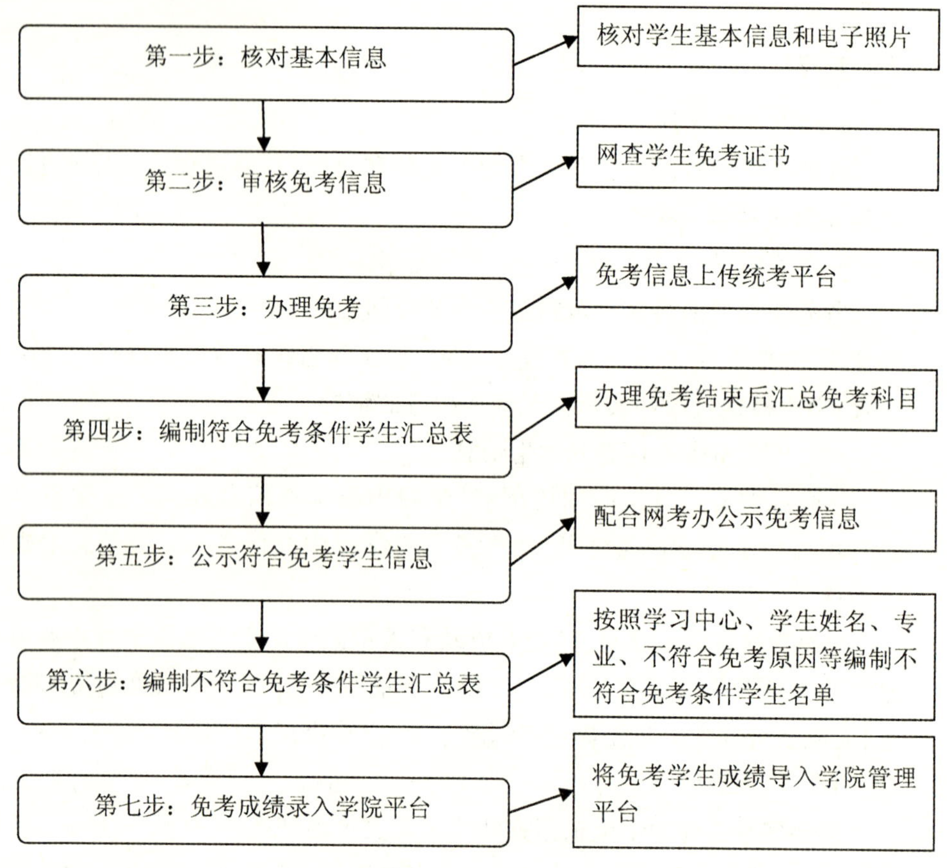

f)统考成绩管理

* 在学院管理平台设置统考批次。

* 在学院管理平台设置统考科目。

* 导入成绩:学院考务部在网考办平台下载学生成绩和免考记录,选择当前所在统考批次,将成绩导入到平台,作为学生毕业的限制条件之一。

* 成绩复查:需要复查成绩的学生在规定时间内填写成绩复核申请表,连同准考证和身份证复印件上交到所在学习中心,学习中心汇总后,以电子邮件的形式上交成绩复核申请汇总表,并将已盖章的学生申请表寄到考区办公室,由考区办公室复核后予以回复,再由学习中心通知学生复查结果。

* 成绩分析:对学院整体统考成绩进行合格率分析;按照学习中心、课程编制统考过关率统计表。

g)毕业生统考成绩审核

考务部根据学生部工作安排,完成本科毕业生的统考成绩审核工作。统计分析毕业生统考成绩合格率。

支撑文件

《教育部办公厅对现代远程教育试点高校网络教育学生部分公共课实行全国统一考试的通知》

《关于加强全国教育统一考试管理和考风考纪工作的意见》

《网络教育全国统考课程免考规定》

记录单

兰州大学网络教育学院统考成绩录入记录单

兰州大学网络教育学院全国统考考试违规记录单

兰州大学网络教育学院全国统考合格率统计表

兰州大学网络教育学院全国统考学习中心合格率统计表

兰州大学网络教育学院免考申请表

兰州大学网络教育学院××批次全国统考免考未通过人员汇总表

兰州大学网络教育学院统考成绩复核申请汇总表

试点高校网络教育全国统考免考学生汇总表

兰州大学网络教育学院校外学习中心基本情况表

2.3.10 学位授予

业务概述:组织本科生参加甘肃省学位外语考试的报名工作;配合学校教务处组织本科生参加专业课抽考工作;组织本科生参加学位申请。

目的

制定学院学位管理流程,确保学生按时参加学位外语考试和申请学位公共课抽考。

范围

适用于组织在学院就读的本科生参加学位外语考试、学位课程考试,和符合条件的本科生进行学士学位申请。

职责

a)考务部

负责组织学院在读本科生参加学位外语考试、学位课程考试和进行学位申请。

b)学习中心

负责配合学院组织学生完成申请工作。

程序

a)学位外语考试

* 学院转发甘肃省学位办学位外语考试相关通知。

* 学习中心组织学生在规定时间内网上报名,学生在指定报名地点进行现场确认。

* 学生在规定时间到学院考务部领取准考证,持相关证件在指定地点参加考试。

* 考试结束后,颁发“甘肃省成人本科生申请学士学位外国语统一考试合格证书”。

b)学位课程考试

* 学院转发学位课程考试相关通知,学生下载填写“兰州大学成人本科生学位课程考试申请表”,并上交学习中心。

* 学习中心收集相关报名资料:“兰州大学成人本科生学位课程考试申请表”、身份证复印件、一寸彩色免冠照片两张(照片背面注明考生姓名、专业、考生类别、联系电话等)邮寄至学院考务部。在兰考生,可直接来学院考务部报名。

* 学习中心按照考试收费标准收取考试费,汇至学院考务部,由考务部统一上交至学校教务处。

* 考务部对学生提交的资料进行资格审核后,在报名表上签字盖章,集中上交至学校教务处。

* 考试结束后,学生可从学院网站查询考试成绩。

c)学士学位申请

* 学院转发学位申请相关通知。

* 毕业生须在毕业当年学位申请规定时间内向所在学习中心提出书面申请,并填写“兰州大学成人高等教育本科毕业生学士学位申请表”。

* 学习中心向学院考务部提交学生学士学位申请名单,并附相关材料。材

料包括:学士学位申请表,学生政治表现、本科毕业证书复印件等档案材料,学位抽考课程成绩单、学位外语成绩考试合格证书。

* 学校教务处审核。教务处对申请者进行材料审核,并将审核合格者名单提交兰州大学学位评定委员会审批。

* 学位评定委员会审批。经学校学位评定委员会审核通过者,授予学士学位。

* 学位证书的颁发。学院通知在兰学生或学习中心在规定时间内领取学位证书。外地学生采用邮政EMS将学位证书统一邮寄到学生所在学习中心。

支撑文件

《兰州大学授予成人高等教育本科毕业生学士学位工作细则》(修订)

记录单

兰州大学成人高等教育本科毕业生学士学位申请表

兰州大学网络教育学院××年成人本科生申请学位登记表

兰州大学网络教育学院成人本科生申请学士学位课程考试报名登记表

兰州大学网络教育学院学士学位证书领取登记表

兰州大学成人本科生学位课程考试申请表

兰州大学网络教育学院学位课程考试成绩单领取表

学位外语考试合格证领取表

兰州大学网络教育学院学位外语考试成绩单领取表

兰州大学网络教育学院××年各专业申请学士学位抽考课程成绩分析表

兰州大学网络教育学院××年各专业学士学位授予情况分析表

2.3.11 教学资源管理

业务概述:对教学资源的发放和使用的管理,主要包括教材、课件光盘的发放,以及其他教学资源的管理,保证学生及时、准确地得到学习资料。

2.3.11.1 教材管理

业务概述:制订教材推荐计划,学习中心订购、发放教材,学院监督、督促学习中心教材管理工作。

目的

及时订购和发放教材,保证学生开课前拿到相关教材。

范围

适用于各学习中心和所有学生。

职责

a) 主管领导

负责对教材管理工作进行指导和监控。

b) 教学管理部

负责制订、更新推荐教材计划。

c)学习中心

负责订购、发放教材。

程序

a)推荐课程教材

根据学期开课计划和主讲教师的推荐,指定课程的推荐教材。并根据教材改版的情况,每学期对教材信息进行更新。

b)订购和发放教材

学习中心根据学院推荐教材名单自行订购,在开课前向学生发放。

c)监督教材发放

学院对学习中心的教材订购和发放进行监督,学习中心在规定时间内提交"学习中心教材配发情况统计表",学院统计配发时间和到位率情况,对不按时配发教材的学习中心进行督促。

支撑文件

《兰州大学网络教育学院教学资源管理办法》

《兰州大学网络教育学院教材管理办法》

记录单

兰州大学网络教育学院各专业推荐教材汇总表

兰州大学网络教育学院学习中心教材配发情况统计表

兰州大学网络教育学院教材配发情况统计汇总表

兰州大学网络教育学院推荐教材变更信息记录单

2.3.11.2 课件光盘管理

业务概述:根据开课计划,刻录课程课件光盘并发放给学习中心。

目的

对课件光盘的刻录和发放进行管理,使学生可根据课件光盘进行学习。

范围

适用于学院课件光盘类学习资源的使用和管理。

职责

a)主管领导

负责对课件光盘管理工作进行指导与监控。

b)教学管理部

负责统计课件光盘需求数量,向资源建设中心提交课件光盘需求计划。

c)资源建设中心

负责根据课件光盘需求表刻录光盘。

程序

a)提交需求表

教学管理部向资源建设中心提交课件光盘需求表。

b)光盘刻录

资源建设中心根据课件光盘需求表,进行刻录。

c)光盘发放

教学管理部负责将刻录好的课件光盘发放给学习中心。学习中心根据需要课件光盘的学生人数,为学生复制课件光盘,并发放给学生。

支撑文件

《兰州大学网络教育学院教学资源管理办法》

记录单

兰州大学网络教育学院课件光盘需求登记表

兰州大学网络教育学院教学材料发放记录单

2.3.11.3 其他教学资源的管理

业务概述:主要是对专题讲座、教学案例库、素材库、答疑库、虚拟实验库、随机测试题库、考试题库等其他教学资源的建设和管理。

目的

对学院专题讲座、教学案例库、素材库、答疑库、虚拟实验库、随机测试题库、考试题库等其他教学资源进行整理建设,丰富学院教学资源库。

范围

适用于其他教学资源的整理、建设等工作。

职责

a) 主管领导

负责对其他教学资源管理工作进行指导与监控。

b) 教学管理部

负责对专题讲座等其他教学资源进行整理建设。

程序

a) 教学资源整理、归档

教学管理部根据学期教学工作安排,对教师提供的导学资料、试题库、语音答疑视频材料、教师专题讨论题目等其他类教学资源进行整理、归档。

b) 建设资源库

学期结束前,教学管理部将本学期的其他类教学资源建设成资源库。

c) 完善资源库

根据教学工作需要,教学管理部对其他类教学资源库进行补充,以适应学生的学习需要。

支撑文件

《兰州大学网络教育学院教学资源管理办法》

记录单

兰州大学网络教育学院其他类教学资源建设记录单

3 学生管理

业务概述：学生管理作为学务管理的一个重要分支具有十分重要的作用，它是保证教育、教学工作持续、有效发展的基础和前提。主要包括学籍管理工作、档案管理工作、毕业管理工作、学生工作等。

3.1 学籍注册

业务概述:学籍注册包括学生缴费、平台注册、办理学生卡,数据上报、建档等一系列工作。

目的

规范学院招生秩序和办学行为,而且可以掌握每年学院新生入学报到率和注册情况。

范围

适用于通过兰州大学网络教育学院招生考试和免试录取的所有学生的学籍注册工作。

职责

a)主管领导

负责对学籍注册工作进行指导和全面监控。

b)招生管理办公室

负责新生档案卡材料的收集、交接工作。

c)学习中心

负责当地学生材料的收集、上交工作。

d)学生管理部

负责在平台下载注册缴费的学生名单,统计人数并制作学生卡;向上级教育行政主管部门上报新生数据并建档。

程序

学籍注册的程序分为四步,即缴费注册、办理学生卡、数据上报、建档。

a)缴费注册

* 招办审验新生录取资格,合格者名单及统计表交学生管理部。

* 学生管理部从平台下载缴费学生名单,缴费学生即可取得学籍。

* 为取得学籍学生生成学号。

b)办理学生卡

* 学生卡由学院统一制作、下发。

* 学生卡遗失后,登当地报刊挂失。

* 学生向所在学习中心提交补办学生卡的书面申请,填写“兰州大学网络教育学院学生补办学生卡申请表”。

* 学习中心将书面申请及挂失证明报送学院学生管理部审核。

* 补办学生卡。

c)数据上报

* 学生部负责为取得学籍的学生编制考生号。

* 主管院长审批。

* 学生管理部向甘肃省教育厅上报新生信息,进行新生注册。

* 学生管理部登录教育部学籍管理平台,进行注册取得正式学籍。

d)建档

* 接收招办新生的“学生报考档案卡”,进行检查点收。

* 根据已录取在籍学生的数据,分学习中心、专业、培养层次,制作、打印标签,粘贴档案袋。

* 制作、打印档案目录表,将档案卡装入档案袋。

* 制作、打印、粘贴档案盒标签,将档案袋装入档案盒。

* 档案盒编号入柜。

* 整理档案数据,导入学生档案管理系统。

支撑文件

《兰州大学网络教育学院学生学籍档案管理制度》

记录单

兰州大学网络教育学院学生档案接收反馈记录单

兰州大学网络教育学院学生档案目录表

兰州大学网络教育学院学生档案建档情况记录单

兰州大学网络教育学院学生档案销毁情况记录单

兰州大学网络教育学院学生补办学生卡申请表

兰州大学网络教育学院××学籍批次学生卡发放登记表

3.2 学籍管理

业务概述:学籍管理是学院学生管理的重要组成部分,是对学生在校阶段各种变化的综合反映,是对学生从入学到毕业全过程的资格管理。

3.2.1 学籍异动

业务概述:学籍异动是指学生学籍上的非程序化变动,主要包括转专业、转学习中心(转入及转出)、退学。

目的

加强远程教育学生管理的基础性工作,规范学院在籍学生的日常管理。

范围

适用于通过兰州大学网络教育学院招生考试和免试录取并取得学籍的所有在册学生的学籍异动工作。

职责

a)主管领导

负责对学生管理部学籍异动工作进行审批及监控。

b) 学习中心

负责收集、提交学生学籍异动表及相关材料。

c) 学生管理部

负责审核学籍异动的申请及相关证明材料，办理学生的学籍异动。

d) 教育厅

负责审批和办理学生学籍异动材料。

程序

a) 转专业

申请转专业者，应在第一学年第一学期开学四周内，经所属学习中心提交书面申请至学院，按照相关规定，办理转专业手续。

b) 转学习中心

申请转学习中心者，须在每学期结束前一个月内，经所属学习中心提交书面申请至学院，按照相关规定，办理转学习中心手续。

c)退学

* 申请退学者，经所属学习中心提交书面申请至学院，按照相关规定，办理退学手续。

* 申请退学退费者，经所属学习中心提交书面申请至学院，按照相关规定，办理退学退费手续。

支撑文件

《兰州大学网络教育学院学生学籍管理规定》

《兰州大学网络教育学院学生学籍异动管理规定》

兰州大学网络教育学院学生转专业流程图

兰州大学网络教育学院学生转学习中心流程图

兰州大学网络教育学院学生申请退学退费类流程图

兰州大学网络教育学院学生自动流失类退学流程图

记录单

《关于为××同学课程预扣费的通知》

《关于为××同学取消考试预约的通知》

《关于为××同学删除选课的通知》

《关于为××同学安排选开课的通知》

兰州大学网络教育学院学生学籍异动表

兰州大学网络教育学院申请退学学生学费审核表

兰州大学网络教育学院学生退学备案表

兰州大学网络教育学院学生管理部邮件收发登记表(外部)

兰州大学网络教育学院学生管理部文件收发登记表(内部)

3.2.2 信息修正

业务概述:信息修正工作主要是学院根据学生提交的相关证明材料,对其姓名、性别、出生日期、身份证号码、民族等错误信息进行相应的修正。

目的

加强学生管理的基础性工作及规范学院在籍学生的日常管理。

范围

适用于通过兰州大学网络教育学院招生考试和免试录取并取得学籍的所有在册学生的信息修正工作。

职责

a) 主管领导

负责对学生管理部基础信息修正工作进行审批及全面监控。

b) 学习中心

负责收集、审核信息修正的申请及相关证明材料。

c) 学生管理部

负责审核相关证明材料并办理信息修正(包括教学管理平台、教育部学生司平台、学院学生档案管理系统的同步修改)。

d) 上级教育行政主管部门

负责审核学生修正材料并办理修正。

程序

a) 提交材料

* 学生提供相关证明材料并填写“兰州大学网络教育学院学生个人信息修正表”。

* 经学习中心审核盖章后寄至学院。

b) 审核

学生管理部负责审核。

c) 办理

* 接收核查学习中心提交的材料。
* 制作审批文件,交学院领导审批。
* 通知学习中心老师在其平台提交学籍异动申请。
* 审批材料交综合管理办公室发文。
* 审核平台学籍异动申请。

支撑文件

兰州大学网络教育学院个人信息修正流程图

记录单

兰州大学网络教育学院学生个人信息修正表

3.2.3 学籍数据分析

业务概述：学籍数据分析工作主要是统计分析学籍管理及学籍异动数据，为学院招生等工作提供参考依据。

目的

通过对学籍管理数据的分析,了解在籍学生的各类情况。

范围

适用于通过兰州大学网络教育学院招生考试和免试录取并取得学籍的所有在册学生的学籍数据分析工作。

职责

a)主管领导

负责对学籍数据分析工作进行指导及全面监控。

b)学生管理部

负责学籍管理及学籍异动数据统计分析工作的具体实施。

程序

a)学籍管理数据分析

根据学籍管理数据统计分析学生在籍情况，包括在读学生分学籍批次、分专业、分层次、分性别、分年龄段的统计分析。

b)退学情况分析

对学生退学情况分学习中心、专业、层次等,进行全方位统计分析。

c)学籍异动情况分析

学籍异动情况从转专业、转学习中心、退学等方面进行统计分析。

d)基础信息修正分析

* 基础信息修正分析,包括修改姓名、专业、性别、民族、身份证号码。

* 分析修正信息较多的前5个学习中心。

记录单

兰州大学网络教育学院××年××月学籍异动月度报表

兰州大学网络教育学院××年××月基础信息修改月度报表

兰州大学网络教育学院××年××月学籍管理月度报表

兰州大学网络教育学院××年××月学籍管理综合月度报表

3.3 毕业管理

业务概述:学院毕业管理工作,主要包括图像信息采集、学籍审核、成绩审核(课程成绩审核、论文成绩审核、统考成绩审核)、学费审核、专升本资格审核、学历电子注册、毕业证书发放和档案发放等。

3.3.1 图像信息采集

业务概述:负责学院毕业生图像信息采集通知的下发工作,并采集毕业生电子版和纸质的图像信息。

目的

制作毕业证书、进行证书电子注册、提供网上查询等。

范围

适用于对学院所有达到毕业期限的学生进行的图像信息采集工作。

职责

a)主管领导

负责对图像信息采集工作进行监督及全面监控。

b)学习中心

负责图像信息采集现场的组织、学生数据的汇总。

c)学生管理部

负责转发新华社图像信息采集的通知等。

d)新华社

负责下发图像信息采集的通知和各地学生的图像信息采集工作。

程序

a)转发通知

学生管理部转发新华社图像信息采集的通知。

b)现场组织

学习中心按照采集时间组织学生、安排现场。

c)采集

新华社按时采集图像。

d)邮寄

新华社将电子照片上报教育部并将纸质版照片邮寄各地。

记录单

转发图像信息采集文件记录单

3.3.2 制定预毕业生名单

业务概述:根据入学日期和学制确定各年级、层次的毕业生名单。

目的

确保预毕业生信息及人数准确无误,保证后续毕业资格审核工作顺利进行。

范围

适用于对学院所有达到毕业年限的学生进行的预毕业工作。

职责

a) 主管领导

负责监督毕业生名单制定工作。

b) 学生管理部

负责在教学管理平台中设置毕业批次,向教学部、考务部、招生办公室、综合办公室提供预毕业生名单。

程序

a)毕业批次设置

在教学管理平台中设置毕业批次。

b)毕业生名单汇总

* 毕业管理人员根据入学日期和学制确定毕业年级,汇总预毕业学生名单。

* 将预毕业学生名单按照学习中心、年级、专业、层次进行分类。

c)提供名单

学生管理部负责将预毕业生名单提供给教学部、考务部、招生办公室、综合办公室。

记录单

学生管理部文件收发登记表(内部)

3.3.3 毕业生资格审核

业务概述:学院毕业生资格审核的工作,主要包括学籍信息审核、学费审核、课程成绩审核、论文成绩审核、统考成绩审核、专升本资格审核。

目的

保证毕业生资格审核工作准确无误,使学生顺利毕业。

范围

适用于学院毕业生资格审核等一系列工作。

职责

a)主管领导

负责对毕业生资格审核工作进行指导、监督及全面监控。

b)学习中心

负责配合学院完成毕业生资格审核的各项工作。

c)学生管理部

* 负责学院毕业生资格审核等一系列工作的具体实施。

* 负责学籍审核。在学生毕业前对其入学资格、学籍注册信息(包括在籍最低年限)等项目进行审核,向学院有关部门提供学生信息,有关部门负责对毕业生毕业资格的其他项目进行审核。

* 学生管理部根据毕业生毕业条件开具毕业证明。

d)教学管理部

负责对学院毕业生课程成绩、毕业论文成绩进行审核,并打印相关成绩单。

e)考务部

负责对学院毕业生统考成绩进行审核。

f)综合办公室

负责对学院毕业生学费进行审核。

g)招生管理办公室

负责对学院专升本层次毕业生进行资格审核。

程序

a)发布毕业通知

学生管理部负责向涉及毕业的各学习中心及学院各业务部门发布毕业生资格审核的通知。

b)毕业生资格审核

* 教学管理部根据教学管理平台筛选出符合及不符合毕业的学生名单,对其课程成绩、毕业论文成绩进行审核。

* 根据学习中心反馈的毕业资格审核结果,进行有关成绩的查询。

* 考务部根据教学管理平台筛选出的符合及不符合毕业的学生名单,对统考成绩进行审核。

* 综合办公室根据教学管理平台筛选出的符合及不符合毕业的学生名单,对学费进行审核。

* 招生办公室根据学生管理部提供的专升本层次预毕业生名单,对专升本资格进行审核。

c)学习中心复审

* 根据教学管理平台对符合毕业条件("等待审核"状态)的学生进行课程成绩、论文成绩、统考成绩的复审。

* 对教学管理平台提示"审核通过"的学生进行毕业生的复审。

* 对教学管理平台筛选出的符合及不符合毕业的学生名单,进行学籍信息核对。

d)数据汇总

* 学生管理部将教学管理平台中符合毕业条件下的“等待审核”状态的学生与学费和专升本资格审核通过的学生取交集进行汇总。

* 根据各培养层次取交集数据,在教学管理平台—毕业资格审核—等待审核状态下将逐一置入“审核通过”。

* 根据教学部“学历电子注册”字段,导出注册名单。

记录单

兰州大学网络教育学院毕业证明

兰州大学网络教育学院开具毕业证明记录单

3.3.4 学历电子注册

业务概述:学院将毕业生信息及有关数据报甘肃省教育厅进行学历电子注册并编制学历注册号,教育部对经注册的证书进行审核、备案。

目的

对毕业生的学历信息进行审核和备案。

范围

适用于对规定期限内学完教学计划规定的全部课程,达到毕业条件并通过毕业资格审核的学生进行的学历电子注册工作。

职责

a)主管领导

负责对学历电子注册工作进行全面监控。

b)学生管理部

负责对毕业生数据进行整理和电子注册。

程序

a)数据整理

* 毕业管理人员在教育厅毕业注册审核时间1周前,按照教育部《高等教育学历证书电子注册管理暂行规定》和《兰州大学网络教育学院毕(结)业生学历电子注册管理办法》及学历电子注册系统的要求,对毕业生数据进行整理。

* 链接毕业生电子图像信息。

* 准备电子注册数据。

b)院长审核

* 填写“甘肃省普通高等学校学历证书电子注册审核表”，主管院长审核签字。

c)上报

* 按照教育厅规定的审核时间按时上报毕业生数据。

* 教育厅负责向教育部上报毕业生数据。

支撑文件

《兰州大学网络教育学院毕(结)业生学历电子注册管理办法》

《兰州大学网络教育学院学历证书管理办法》

记录单

××年××月甘肃省成人高等教育学历证书电子注册审核统计表

兰州大学网络教育学院学历证明书补办申请表

兰州大学网络教育学院补办学历证明书申请记录单

兰州大学网络教育学院学历证明书发放登记表

3.3.5 制作毕业生档案

业务概述：毕业生档案材料的收集，根据教育部电子注册的数据，制作毕业生档案。

目的

确保取得毕业资格的学生顺利获得毕业档案，充分发挥毕业生档案在学生教育中的作用。

范围

适用于对通过教育部学历电子注册的学生进行的毕业档案制作工作。

职责

a)主管领导

负责毕业生档案制作工作的指导及全面监控工作。

b)学习中心

* 负责组织学生在学习中心平台填写毕业生登记表的有关信息。

* 审核并打印毕业生登记表。

* 将纸质毕业生登记表邮寄至学院。

c)学生管理部

负责收集并审核毕业生登记表。

程序

a)审核材料

* 学习中心审核整理毕业生数码照片及毕业生登记表,上交学生管理部。

* 档案管理人员检查复核登记表及照片信息。

* 具体负责人审核毕业生登记表并盖章确认。

* 主管领导对毕业生登记表进行审批、盖章。

* 根据毕业生名单接收教学部制作的“兰州大学网络教育学院毕业生成绩表”。

b)制档

* 将“兰州大学网络教育学院毕业生登记表”和“兰州大学网络教育学院毕业生成绩表”装入学生档案袋,完成毕业生档案制作。

支撑文件

教育部《高等教育学历证书电子注册管理暂行规定》

记录单

××届××月纸版照片收集记录表

××届××月毕业生登记表收集记录表

××届××月毕业生成绩表接收记录表

××届××月毕业生档案制作记录表

3.3.6 制作毕业证

业务概述:根据教育部电子注册名单,打印毕业证书、粘贴照片并检查。

目的

确保取得毕业资格的学生顺利获得毕业证书。

范围

适用于对通过教育部学历电子注册的学生进行毕业证书的制作。

职责

a)主管领导

负责对毕业证书制作工作进行指导、监督及全面监控。

b)学生管理部

负责毕业证书办理工作的实施。

程序

a)领取空白证书

毕业管理人员根据电子注册数据领取毕业证书。

b)打印证书

打印毕业证书,粘贴照片并检查核对。

c)制作登记表

根据上报的电子注册数据打印“兰州大学网络教育学院××届××月毕业证书办理登记表”(一式三份)。

d)签字

主管领导及毕业资格审核负责人签字。

e)开具证明

学院办公室开具校办盖章证明。

f)办理证书

毕业管理人员持证明和“兰州大学网络教育学院××届××月毕业证书办理登记表”到校办办理毕业证书。

记录单

兰州大学网络教育学院××届××月毕业证书领取记录表

兰州大学网络教育学院××届××月毕业证书粘贴照片登记表

兰州大学网络教育学院××届××月毕业证书内容检查记录表

兰州大学网络教育学院××届××月毕业证书办理登记表

3.3.7 发放毕业证书、档案

业务概述:毕业证书是学校对毕业生,即完成规定的学业任务并达到合格标准的学生颁发的一种学历凭证,学院将通过邮寄和领取的方式,将毕业证书发放到各学习中心。

目的

表明学生在兰州大学网络学院系统地学习了相应的学历教育课程,并达到规定的合格标准。

范围

适用于所有通过教育部学历电子注册的学生的毕业证书及档案发放工作。

职责

a)主管领导

负责对发放毕业证书、档案工作进行监督及监控。

b)学习中心

负责领取和收取毕业证书、封皮、档案,并发放给学生本人。

c)学生管理部

负责组织和实施毕业证书、档案的发放工作。

程序

a)邮寄

* 毕业管理人员将毕业证书和“兰州大学网络教育学院毕业生证书、封皮、档案发放登记表”通过机要部门寄送至各校外学习中心。

* 毕业管理人员将毕业生档案和“兰州大学网络教育学院毕业生证书、档案、封皮发放登记表”通过EMS寄送至各校外学习中心。

b)确认返回

* 学习中心收到后,通过传真方式将毕业证书领取(收取)回执单交回学院。

* 学生本人在“兰州大学网络教育学院毕业生证书、档案、封皮发放登记表”签字并领取毕业证书和毕业生档案。

* “兰州大学网络教育学院毕业生证书、档案、封皮发放登记表”经学习中心经办人和负责人签字盖章后一个月内交回学院。

记录单

兰州大学网络教育学院××届××月毕业证书领取(收取)回执单

兰州大学网络教育学院××届××月毕业生证书、封皮、档案发放记录表

兰州大学网络教育学院××届××月毕业证书机要邮件交寄单记录表

兰州大学网络教育学院××届××月毕业证书邮寄记录表

兰州大学网络教育学院××届××月毕业生材料发放清单

兰州大学网络教育学院××届××月学生档案邮寄确认单

3.3.8 毕业数据分析

业务概述:统计分析毕业数据情况。

目的

通过对毕业数据的分析,了解毕业率情况,综合反映学习支持服务质量、教学与管理过程的规范等多重变量。

范围

适用于毕业数据统计分析工作。

职责

a)主管领导

负责对毕业生数据分析工作进行全面监控。

b)学生管理部

负责对各类情况的毕业率进行统计分析。

程序

数据分析

* 各学籍批次首次毕业率。
* 各学籍批次各专业首次毕业率。
* 毕业率较高及毕业人数较高的三个学习中心。
* 不同修学时间的毕业率。

记录单

兰州大学网络教育学院××届××月份批次首次毕业率统计表

兰州大学网络教育学院××届××月份层次首次毕业率统计表

兰州大学网络教育学院××届××月份学习中心首次毕业率统计表

3.3.9 归档

业务概述:对毕业生材料进行归类整理,并把学生成绩表送学校档案馆存档。

目的

将毕业生材料按照层次、专业进行分类管理、归档,便于查找。

范围

适用于毕业生档案归档工作。

职责

a)主管领导

负责对毕业生材料归档工作进行全面监控。

b)学生管理部

负责对毕业生成绩表、毕业证书、档案等毕业材料进行分类、归档,并做好记录。

c)学校档案馆

负责对毕业生成绩表进行分类归档。

d)学院办公室

负责对毕业证书办理登记表进行归档。

程序

a)学院内部

* 学生管理部在每年3月中旬和9月中旬将当前批次的《兰州大学网络教育学院毕业生名册》交学院办公室归档。

* 学生管理部将“兰州大学网络教育学院毕业生证书发放登记表”交学院办公室归档。

b)学校档案馆

* 学生管理部按照兰州大学档案馆目录表,对毕业生成绩表按层次、专业进行分类。

* 学生管理部审核并加盖学院公章。

* 主管领导负责审核并签字盖章。

* 学生管理部将“兰州大学网络教育学院毕业生成绩表”送学校档案馆存档。

* 学生管理部将“兰州大学网络教育学院毕业生证书发放登记表”送学校档案馆存档。

记录单

兰州大学档案归档目录

兰州大学网络教育学院毕业生证书发放登记表

4 学习支持服务

业务概述：针对学习者在学习态度、学习条件、学习方法等方面的非学术性问题和困难，由学院学生服务部通过短信、综合BBS、在线客服、呼叫系统等多种方式，为学生提供业务咨询、查询、受理、投诉、告知、预警等服务，确保学生在学习过程中获得指导和帮助。

4.1 咨询服务

业务概述：咨询类业务是指学生在学习过程(报名—录取—注册—选课—学习—考试—毕业论文—毕业等过程)中，按照有关国家、地方或学院对该项业务的相关政策规定以及具体安排，对学生询问的问题进行解答。

目的

为学院学生提供信息咨询及信息查询等服务，帮助学生解决学习过程中遇到的相关问题，帮助其顺利完成学业。

范围

适用于学院学生信息咨询服务工作的实施及管理。

职责

a)主管领导

负责指导学习咨询服务工作，监督相关服务提供过程，审批相关文件。

b)学生服务部

负责学生咨询信息的记录、解答、汇总以及必要的统计分析。

c)相关责任部门

负责对学院相关法规、政策、工作行为的补充说明。

程序

a)信息采集

学生服务人员通过热线电话、在线客服、综合论坛、电子邮件等方式，获取学生信息，以及咨询的内容和意图。

b)问题解答

* 学生服务人员通过对咨询内容的分析和判定，做出合理的解释说明，直到咨询者满意为止。服务用语必须符合《兰州大学网络教育学院日常服务用语规范》的要求，解答内容应参考《兰州大学网络教育学院学生服务业务字典》，务必做到科学、准确、规范。

* 对于无法解释的问题或事宜，学生服务人员应当严格遵循《首问负责制》的有关规定，及时汇报部门负责人。

* 对于初步判定为“投诉”的问题，应当详细填写“兰州大学网络教育学院学生信息反馈登记表”，并及时向部门负责人汇报。

c)结单归档

服务工作结束后，学生服务人员应当详细填写“兰州大学网络教育学院来访人员信息登记表”。

支撑文件

《兰州大学网络教育学院日常服务用语规范》

《兰州大学网络教育学院学生服务守则》

《兰州大学网络教育学院请示报告制度办法》

《兰州大学网络教育学院呼叫客服管理办法》

《兰州大学网络教育学院综合论坛管理办法》

《兰州大学网络教育学院首问负责制度暂行办法》

记录单

兰州大学网络教育学院学生信息反馈登记表

兰州大学网络教育学院来访人员信息登记表

兰州大学网络教育学院综合论坛网站信息维护登记表

兰州大学网络教育学院学生回访信息登记表

4.2 问题协调处理

业务概述:通过对学生服务人员报送问题的识别和分析,协调其他各业务部门及时解决问题,避免由此带来的不良影响。

目的

协调学院其他各业务部门,解决由学生服务人员报送的相关问题。

范围

适用于学院学生反映问题的处理和控制。

职责

a)主管领导

负责整个投诉事件的管理、控制和监督工作,审批相关文件。

b)学生服务部

* 负责学院学生投诉事件的受理、记录工作。

* 负责学院学生投诉事件的跟踪、解释及回访工作。

* 负责学院责任部门对投诉事件处理情况的监督工作。

* 负责对学生投诉案件进行准确判定及结案工作。

* 负责按月报送当月投诉事件的受理情况。

c)其他责任部门

* 负责处理本部门责任范围以内的投诉案件,并调查处理学生服务部转办的各类投诉案件。

* 负责协调学院相关责任部门处理学生投诉案件。

* 负责调查处理和反馈其他各责任部门转派的投诉案件。

* 负责限期将投诉案件的处理意见回馈学生服务部。

* 负责改善本部门的服务品质,降低学生投诉率。

程序

a)信息采集

学生服务人员接到学生投诉后(热线电话、乐语系统、电子邮件、综合论坛等),以"兰州大学网络教育学院学生信息反馈登记表"方式书面记录在案,并于0.5个工作日内交部门负责人处理。

b)信息核查

* 学生服务部负责人在接收到学生服务人员提交的"兰州大学网络教育学院学生服务问题处理表"后,应当核实学生反馈信息的准确性和完整性,若发现反馈信息或资料不足,学生服务部负责联络学生并补充缺失信息;若发现反馈信息或资料有误者,学生服务部有权终止问题处理,并填写处理意见,及时反馈给学生。

* 核查工作结束后,学生服务部应严格遵循《兰州大学网络教育学院学生意见及投诉受理办法》的有关规定,描述学生反馈信息的原因及处理部门,对于重大问题或牵涉问题较多的问题, 学生服务部须在0.5个工作日内向主管领导汇报、审批。

c)问题处理

* 各业务部门在接收到学生服务部报送的"兰州大学网络教育学院学生信息反馈登记表"后,应于2个工作日内予以处理,并填写处理意见交送学生服务部。若遇到重大问题或在2个工作日内无法解决的,应及时告知学生服务部。

* 对于问题处理时存在相关书面材料的,应将此类材料复印件一并交学生服务部留存保管。

d)审批判定

学生服务部负责对各业务部门提交的处理意见予以判定,对于处理意见不当或描述信息不全的, 应退回相关业务部门补充完善; 对于重大问题或投诉的,相关业务部门需以书面形式向主管领导汇报审批,再转交学生服务部。

e)信息回复

学生服务部根据相关责任部门的处理意见,以恰当的形式回复学生,直至学生满意。

f)备案归档

问题结案后,学生服务部应将相关材料进行归案存档,以备后查。

g)流程图

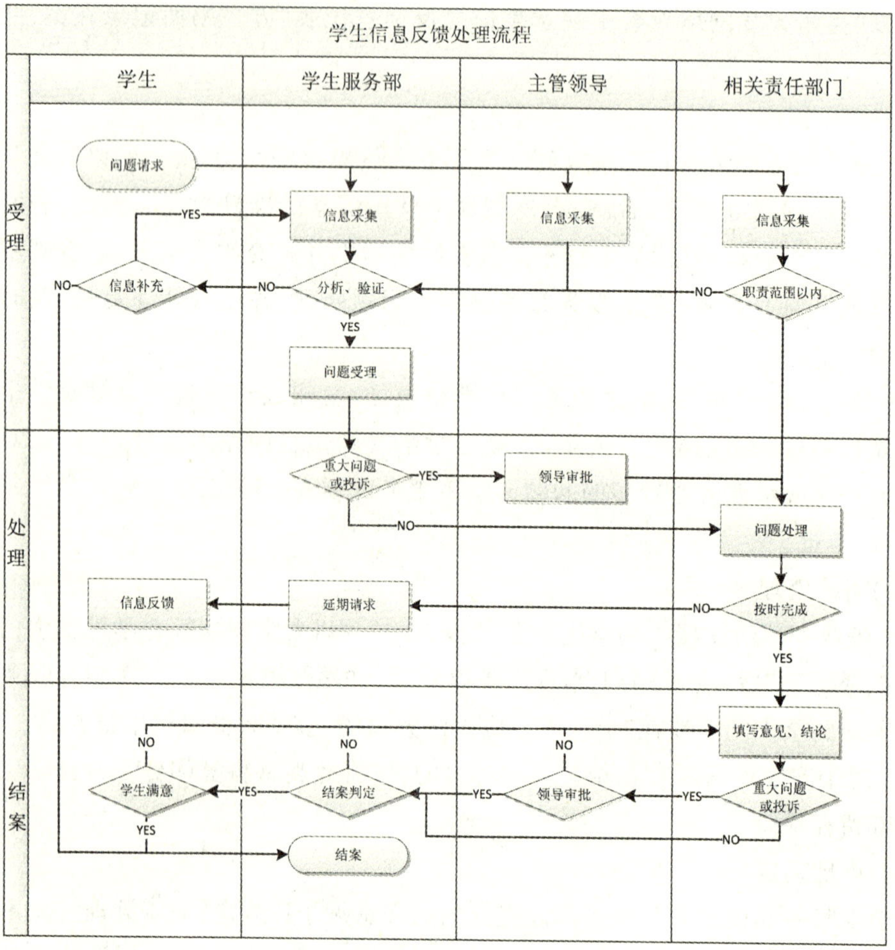

学生信息反馈处理流程

	学生	学生服务部	主管领导	相关责任部门
受理	问题请求 信息补充（YES→信息采集；NO→结案）	信息采集 分析、验证（NO→信息补充；YES→问题受理） 问题受理	信息采集	信息采集 职责范围以内（NO→分析、验证）
处理	信息反馈	重大问题或投诉（YES→领导审批；NO→问题处理） 延期请求	领导审批	问题处理 按时完成（NO→延期请求；YES→填写意见、结论）
结案	学生满意（NO→填写意见、结论；YES→结案）	结案判定（NO→填写意见、结论；YES→学生满意） 结案	领导审批（NO→填写意见、结论；YES→结案判定）	填写意见、结论 重大问题或投诉（YES→领导审批；NO→结案判定）

支撑文件

《兰州大学网络教育学院学生意见及投诉受理办法》

记录单

兰州大学网络教育学院学生信息反馈登记表

兰州大学网络教育学院学生服务问题处理表

4.3 学习过程服务

业务概述：依照学院教学大纲或相关部门要求，由学习服务部门主动及时提醒或告知学生完成预定的教学内容。

目的

提醒学生按时参加相关学习活动。

范围

适用于学院督学服务工作的组织和实施。

职责

a)主管领导

负责指导学习支持服务工作,监督督学服务过程的实施,审批相关文件。

b)学院各部门

* 负责提供本学期的教学实施工作计划,为督学服务提供依据,对于临时变动教学安排的,需及时告知学生服务部。

* 负责协助学生服务部开展督学服务工作。

c)学生服务部

* 负责制订本学期的学习过程服务计划。

* 负责学习过程服务的培训和指导。

* 负责定期分析、统计本学期各项教学活动的完成情况,并向主管领导、有关部门汇报。

* 负责组织、协调人员,通过短信、电话、电子邮件等方式向学生发送督学服务提醒。

* 负责将督学服务情况向上级领导及有关部门汇报。

程序

a)录取告知

* 录取工作结束后,招生办公室填写“兰州大学网络教育学院短信发布登记表”,并交学生服务部;学生服务部按照《兰州大学网络教育学院短信平台信息发布管理办法》的要求,登录短信系统向已录取的学生进行短信通知。

* 提交部门在提交短信发布登记表时,应提供发布对象的准确联系方式(手机号码)。

b)财务交费

* 学费收缴工作开始后,根据综合办公室提供的“学费收缴”的短信发布信

息及发布名单，学生服务部负责通过电话或短信形式向学生通知学费收缴的相关事宜。

* 根据综合办公室提供的有关“学习中心催款”的短信发布信息及发布名单,学生服务部负责通过电话或短信形式,通知学习中心学费汇款的有关事宜及工作安排。

* 汇款工作结束后,根据综合办公室提出的短信发布需求,学生服务部负责借助督学系统统计欠费学生名单，并通过短信的方式提醒欠费学生交清学费。对于多次提醒仍未交付学费的学生,交由学籍管理部处理,并通过短信告知学生处理意见。

* 提交部门在提交短信发布登记表时，应提供发布对象的准确联系方式(手机号码)。

c)课程学习

* 根据教学部提供的有关“课程开课”的短信发布信息,学生服务部负责以短信的方式向学生发布课程开课的通知。

* 学生服务部按照××年度教学计划,制订督学服务计划,并填写“兰州大学网络教育学院学生服务内容审核表”及“兰州大学网络教育学院短信发布登记表”,交主管领导审批。

* 学生服务部依据制订的督学服务计划，按时提醒学生完成教学任务,并详细记录短信发布情况及学生完成情况。

* 课程代修、免修、免考申请结束后,根据教学管理部提供的审核结果及学生名单,学生服务部负责通过电话或短信告知学生审核情况。

* 接收到学院关于“学生学籍变更”的发文后,学生服务部负责通过电话或短信告知学生审核情况。

* 学生服务部要积极开展学习阶段性回访,询问学生学习进度完成情况及遇到的困难,进一步了解学生对网络学习的态度及计算机操作的熟练度。同时也借此回访了解学院专业设置、课程安排是否合理,并调查学生领取教材的时间、教材版本是否与学院推荐教材相符,教材是否乱收费等。

* 教学部提交“考前辅导答疑通知”的短信发布需求后,学生服务部负责通过电话或短信形式通知学生考前辅导的具体安排及事宜。

* 课程成绩发布后,根据教学部提交的“成绩发布通知”的短信发布需求,学生服务部负责通过电话或短信形式向学生通知,提醒学生注意查阅考试成绩。

d)课程考核

＊考试预约工作开始后,根据考务部提交的“课程预约通知”的短信发布需求,学生服务部负责通过电话或短信形式向学生通知,并利用呼叫系统通知学习中心有关人员做好考场安排工作。考试预约结束前3天,通过督学系统排查未预约的学生,并以短信的方式再次提醒学生进行考试预约。

＊全国统考工作开始后,根据考务部提交的“统考通知”的短信发布信息及发布名单,学生服务部负责通过电话或短信形式告知学生全国统考的具体安排。

＊学位考试工作开始后,根据考务部提交的“学位考试通知”的短信发布信息及发布名单,学生服务部负责通过电话或短信形式告知学生全国统考的具体安排。

＊针对本年即将毕业的学生,应当采用电话形式通知,保证其成绩过关率。

e)毕业

＊毕业论文写作开始后,根据教学部提交的“毕业论文写作通知”的短信发布需求, 学生服务部负责通过电话或短信形式, 通知学生毕业论文写作已开始,请注意提交论文开题报告。

＊学生服务部按照《××年度教学计划》,制订本学期的论文写作服务计划,填写“兰州大学网络教育学院学生服务内容审核表”及“兰州大学网络教育学院短信发布登记表”,并交主管领导审批。

＊学生服务部按照制订的论文写作服务计划, 按时提醒学生完成教学任务,并详细记录短信发布情况及学生完成情况。

＊毕业信息采集工作开始后,根据学生管理部提交的“毕业信息采集通知”的短信发布申请,学生服务部负责通过电话或短信的形式,向学生通知毕业信息采集的有关事宜及工作安排。

＊毕业审核工作结束后,由学生管理部提交毕业生审核未通过学生名单及结果,学生服务部负责通过电话或短信的形式通知学生,积极帮助解决学生遇到的问题。

＊毕业工作结束后,由学生管理部提交“毕业通知”的短信申请表和毕业生名单,由学生服务部通过短信或热线电话等方式,向已毕业的学生告知审核结果,并提醒学生注意联系当地学习中心领取毕业证书及档案。

＊毕业工作结束后,学生服务部应通过电话回访的形式,向毕业生收集学习心得及对学院教学工作的意见和建议。

f)流程图

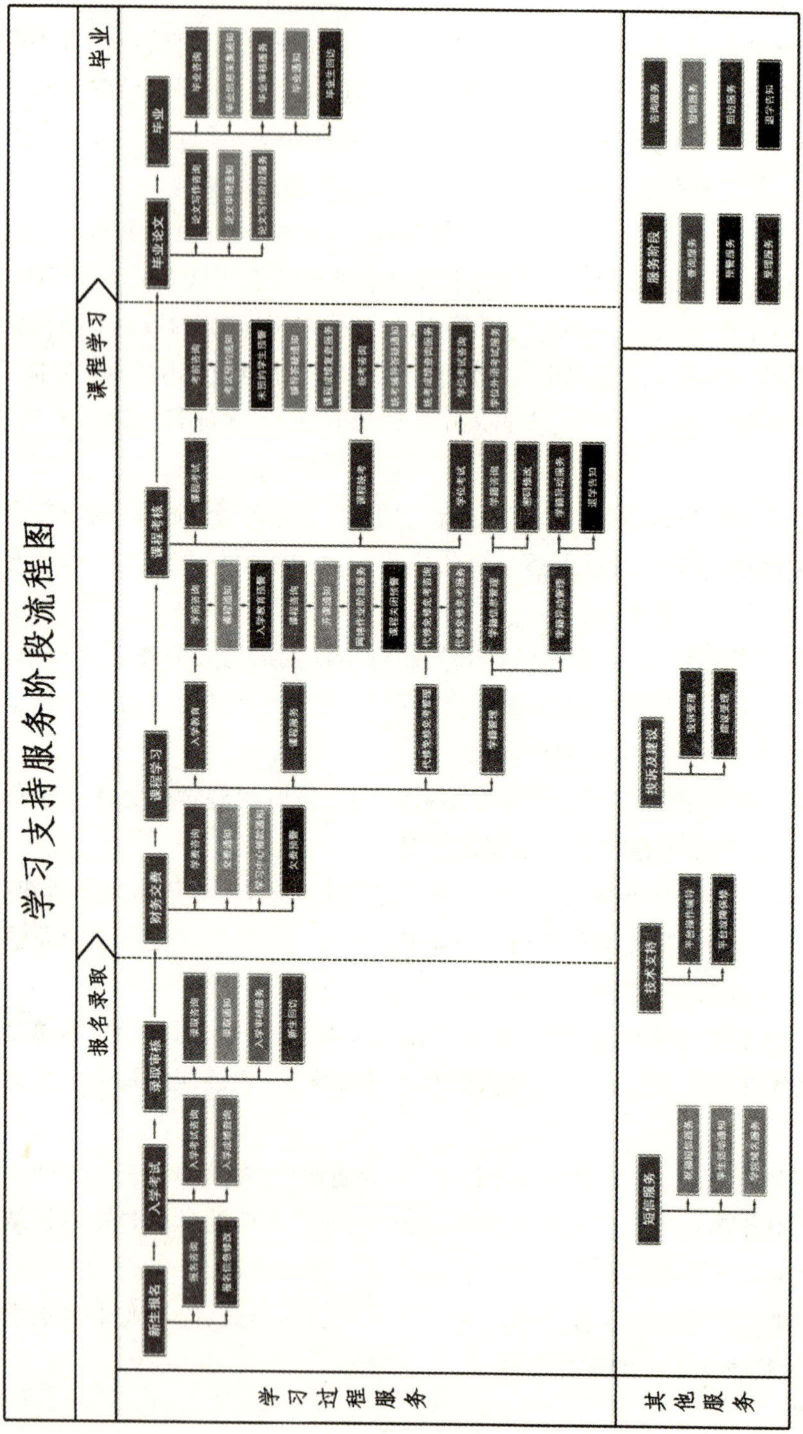

学习支持服务阶段流程图

阶段：报名录取 → 课程学习 → 毕业

学习过程服务

报名录取

- 新生报名 → 入学考试 → 录取审核
  - 新生报名：报名咨询；报名信息修改
  - 入学考试：入学考试咨询；入学成绩查询
  - 录取审核：录取咨询；录取通知；入学审核服务；新生回访

课程学习

- 财务交费 → 课程学习 → 课程考核
  - 财务交费：学费咨询；交费通知；学习中心催款通知；欠费预警
  - 课程学习：
    - 入学教育 → 学前咨询；课程通知；入学教育预警
    - 课程服务 → 课程咨询；开课通知；网络作业阶段服务；课程关闭预警
    - 代修免修免考管理 → 代修免修免考咨询；代修免修免考服务
    - 学籍管理 → 学籍信息管理（学籍咨询；密码修改）；学籍异动管理（学籍异动服务；退学告知）
  - 课程考核：
    - 课程考试 → 考前咨询；考试预约通知；未预约学生预警；辅导答疑通知；课程成绩复查服务
    - 课程统考 → 统考咨询；统考辅导答疑通知；统考成绩查询服务
    - 学位考试 → 学位考试咨询；学位外语考试服务

毕业

- 毕业论文 → 毕业
  - 毕业论文：论文写作咨询；论文申请通知；论文写作阶段服务
  - 毕业：毕业咨询；毕业信息采集通知；毕业审核服务；毕业通知；毕业生回访

其他服务

- 短信服务：祝福短信服务；学生活动通知；学院域名服务
- 技术支持：平台操作辅导；平台故障保修
- 投诉及建议：投诉受理；建议受理

图例：服务阶段；咨询服务；查询服务；短信服务；预警服务；回访服务；受理服务；退学告知

支撑文件

《兰州大学网络教育学院呼叫客服管理办法》

《兰州大学网络教育学院短信平台信息发布管理办法》

记录单

兰州大学网络教育学院短信平台信息参照表

兰州大学网络教育学院短信发布登记表

兰州大学网络教育学院学生回访信息登记表

4.4 学生活动

业务概述：学生活动是学院网络教学活动以外的其他类集团活动的总称，是学生素质拓展、能力培养、科研创新等方面的提升的重要途径，学院学生活动主要包括新生开学典礼、优秀学生及学生干部评选、学习中心活动等。

目的

为了提高学院信息化校园文化建设，保障学生活动健康、有序的开展。

范围

适用于学院学生活动工作的实施及管理。

职责

a)主管领导

负责对学生活动工作进行指导和监督，并审批相关文件。

b)学生服务部

负责学生活动的策划、组织、实施工作。

程序

a)策划与审批

* 学生服务部根据学院阶段性学生活动具体安排，起草相应教学活动的策划书并交主管领导审批。

* 策划内容应包括学生活动的主题、目的、时间、地点、活动范围、形式、人员配置、前期准备和具体的日程安排、活动内容等，并进行详细说明。

b)活动通知

针对学生、学习中心和学院内部师生，撰写活动的相关信息，并在门户网站及时发布会议、活动通知，包括时间、地点、活动参加对象、活动内容、形式及具体联系人等。

c)组织与实施

根据学生活动策划书的具体安排，全面开展学生活动工作并对活动全过程进行有目的、有重点的记录。

d)总结

活动结束后，根据活动从开展到收尾全过程的具体情况，对活动期间各项工作进行总结、分析和研究，并与以往的活动做比较，找出问题，总结经验教训，用于指导下一阶段的活动。

支撑文件

《兰州大学网络教育学院优秀学生、优秀学生干部评选办法》

5 学习中心建设与管理

5.1 学习中心建设

业务概述：依照国家有关现代远程教育校外学习中心建设的管理规定，对兰州大学远程教育校外学习中心布局和设立条件做总体规划和要求，使其布局合理、资质合格，从而更好地开展现代远程教育工作。

5.1.1 学习中心设置条件

业务概述：依照国家有关现代远程教育校外学习中心建设的管理规定，对兰州大学远程教育学习中心的布局和设立条件做总体规划和要求。

目的

使自建学习中心和授权的社会化公共服务体系学习中心布局合理、资质合格。

范围

适用于学院自建学习中心的设置和奥鹏远程教育中心学习中心的授权工作。

职责

a)主管领导

负责自建学习中心的设置、奥鹏远程教育中心学习中心的授权。

b)对外合作部

负责制定校外学习中心的建设管理文件，学习中心的布局规划。

程序

根据教育部《关于现代远程教育校外学习中心(点)建设和管理的原则意见》,学院制定《兰州大学网络教育学院校外学习中心建设管理规定》,确定学习中心设置条件。

设置条件

a)必须是具有独立法人资格的普通高等学校、成人高等学校、广播电视大学、其他高等教育机构。

b)应有相对独立的教学场所和实验实训基地。

c)必须拥有专职管理人员、服务人员和技术人员以及辅导教师队伍。

d)具有符合教学要求的教育技术设备和百兆以上局域网条件,能够实现在局域网上存储和共享教学信息。

支撑文件

《教育部办公厅关于印发〈关于现代远程教育校外学习中心(点)建设和管理的原则意见〉的通知》

《兰州大学网络教育学院校外学习中心建设管理规定》

5.1.2 学习中心设置

业务概述:根据兰州大学远程教育学习中心的布局总体规划,对拟建学习中心和奥鹏远程教育中心拟授权学习中心的办学条件和资质进行考核评审,办理申办手续。

目的

使学习中心布局合理、资质合格、办学条件符合要求、日常管理规范,能够配合学院完成远程教育的各项工作。

范围

适用于学院自建学习中心的设置和奥鹏远程教育中心学习中心的授权工作。

职责

a)主管领导

负责自建学习中心的设置、奥鹏远程教育中心学习中心的授权。

b)对外合作部

负责学习中心的布局规划;进行合作及洽谈,考察学习中心设置和审批所需文件材料;学习中心相关材料的存档。

程序

a)建设单位考察

每年3月和9月,由学院党政联席会议对合作单位提出的申办报告分两批进行初审,并派人员进行实地考察。

b)签订协议

学院党政联席会议根据考察结果,确认具备学院校外学习中心条件的合作单位,双方签署合作意向书。

c)学习中心审批

合作意向书经学校领导审批同意后,由学校校长代表学校与合作单位签署合作协议。学校办公室发函至合作单位所属地的省级教育厅,同时合作单位向所属地的省级教育厅提交相关申报审批材料。

d)刻制印章开通管理平台权限

教育厅审批合格后,批准设立学习中心。学院为学习中心刻制印章和进行平台设置,开始在当地进行招生宣传工作。

e)文件归档

将申请设立学习中心的报批文件、学院意见、考察报告、教育厅的发文等相关材料归档。

支撑文件

《教育部办公厅关于印发〈关于现代远程教育校外学习中心(点)建设和管理的原则意见〉的通知》

《兰州大学网络教育学院校外学习中心建设管理规定》

《关于申办兰州大学网络教育学院校外学习中心有关问题的告知信》

《兰州大学网络教育学院设立校外学习中心工作流程》

记录单

兰州大学网络教育学院联合办学申请记录单

兰州大学网络教育学院新建学习中心考察记录表

兰州大学网络教育学院××年××月学习中心审批记录单
兰州大学网络教育学院校外学习中心设立申请表
兰州大学网络教育学院校外学习中心负责人聘任表
兰州大学网络教育学院校外学习中心工作人员备案表

5.2 学习中心管理

业务概述:督促和监督学习中心依照国家规定依法办学,严格履行联合办学协议所规定的各项职责,同时做好学习中心的服务工作。

5.2.1 学习中心日常管理

业务概述:主要维护学习中心基本信息和协议的续签,以及与奥鹏远程教育中心的业务往来沟通。

目的

加强学习中心管理并提供基本的服务支持,保证学习中心信息准确,保障与奥鹏远程教育中心业务沟通顺畅,确保学院招生和教学工作的顺利开展。

范围

适用于学院自建学习中心的管理和奥鹏远程教育中心的业务沟通工作。

职责

a)主管领导

负责对自建学习中心的工作进行考核管理。

b)对外合作部

负责“学习中心通讯录”的更新、到期协议的续签、学习中心违规投诉处理,并及时将学习中心的各项建议和要求传达给相关部门。

程序

a)学习中心基本信息的采集维护

* 每学期开始,向各学习中心发布学习中心工作人员通讯录信息更正表,根据变化情况将核对修正后的“学习中心通讯录”发布到学院学习中心管理平台和QQ群中共享。

* 在每年招生管理办公室向教育部质量监管平台上报招生计划时,应同时将学习中心基本信息变化情况在教育部质量监管平台上更正。

b)联合办学协议的管理

* 在每个月末,根据“联合办学协议目录”,对即将到期的协议进行梳理。

* 根据学院新政策,起草联合办学协议,经主管院长同意并与学习中心沟通后,制作下一期联合办学协议,办理续签手续。

* 协议签订完毕后,分别将协议交学校财务室和学院办公室存档。

c)学习中心违纪处理

* 接到学生或其他部门对学习中心的投诉后,填写“学习中心投诉记录单”。

* 根据投诉内容送交相关业务部门问询处理意见, 并将意见向主管院长汇报。

* 经向学习中心查实后,提出最终处理意见报学院研究处理,并发文通知学习中心及时更正违规行为。

* 做好违纪记录,以备用于月度考评统计。

d)奥鹏事务处理

* 与奥鹏远程教育中心的合作具有特殊性,所有业务往来必须有专人联系沟通,负责全程跟踪解决。

* 奥鹏远程教育中心和学院相关业务部门之间的每项业务往来,都要在填写奥鹏事务处理单后交给奥鹏事务联系人。

* 奥鹏事务联系人做好记录,交学院部门主任审核,经主管院长审批后送有关业务部门处理。

* 有关事务处理完毕,向主管院长汇报并做好处理结果存档,以备后期追溯核查。

支撑文件

《兰州大学网络教育学院联合办学协议》

记录单

兰州大学网络教育学院学习中心通讯录

试点高校本年度计划招生的校外学习中心备案表

兰州大学网络教育学院联合办学协议目录

兰州大学网络教育学院学习中心违规违纪投诉处理单

兰州大学网络教育学院××年学习中心违规违纪记录汇总表

兰州大学网络教育学院奥鹏远程教育中心事务处理单

兰州大学网络教育学院奥鹏远程教育中心事务处理记录单

5.2.2 学习中心考核评估

业务概述:根据《兰州大学网络教育学院校外学习中心考核办法》,对学习中心进行月度和年度考核评估,促进学习中心的教学质量,保证现代远程教育工作的顺利开展。

目的

规范学习中心办学行为，督促学习中心按时高质量完成学院布置的各项任务。

范围

适用于自建学习中心在招生、教学以及学习支持服务等环节的考核评估工作。

职责

a)对外合作部

负责学习中心考核评估方案的确立和实施,安排考核时间、发布考核结果;对学习中心进行月度和年度工作考核评估,评选“年度优秀校外学习中心”。

b)学院各业务部门

按照考核细则对学习中心各项工作完成情况进行考核评估。

程序

a)月度工作考核

* 根据《兰州大学网络教育学院校外学习中心月度考核管理办法》,在每个月末,依据学院各部门的工作计划和工作进度安排,制作月度考核表。

* 各业务部门针对本月开展的相关业务,对学习中心的工作完成情况进行考核打分,学习中心考核专员进行汇总后,撰写考核结果报送主管领导审阅,并将考核结果通报学习中心负责人。

b)年度工作考核

* 根据《兰州大学网络教育学院校外学习中心月度考核管理办法》,年度考核采用由学习中心自评、平台管理数据分析、日常管理月度考核等相结合的办

法进行。

* 每年在组织“校外学习中心年度工作会议”前一个月，将学习中心考核结果汇总，撰写考核总结，向由主管院长、督导组专家和有关管理人员组成的考核工作小组汇报，考核结果经学院教学指导委员会审定后发布。

* 根据考核结果评选“优秀校外学习中心”和“先进工作者”。

c)学习中心年检年审

每年年末，对外合作部督促和协助校外学习中心参加其属地省级或市级教育行政部门的检查和评估工作。

d)考核结果处理

* 月考核不合格处理。根据月度考核结果，对当月考核不合格的学习中心分别给予校外学习中心告诫、通报处理。

* 年度考核不合格处理。根据年度考核结果，对当年考核不合格的学习中心分别给予校外学习中心警告、责令整改、停止下年度招生的处理。

* 教育厅年检年审不合格处理。根据所在地教育行政主管部门的检查评估结果，分别给予校外学习中心责令限期整改、停止招生、撤销学习中心的处理。

支撑文件

《现代远程教育校外学习中心(点)暂行管理办法》

《兰州大学网络教育学院校外学习中心月度考核办法》

《现代远程教育校外学习中心(点)暂行管理办法》(教高厅[2003]2号)

《校外学习中心主任管理规定》(试行)

《兰州大学网络教育学院校外学习中心考核办法》

记录单

兰州大学网络教育学院学习中心月度考核结果记录单

兰州大学网络教育学院学习中心各年度考核登记表

兰州大学网络教育学院学习中心先进工作者推荐表

兰州大学网络教育学院××年度学习中心年检年审汇总表

兰州大学网络教育学院××年××月学习中心月度考核汇总表

兰州大学网络教育学院学习中心考核量化表

5.2.3 学习中心巡视

业务概述：通过考试巡考和不定期到学习中心沟通交流，了解学习中心开

展兰州大学远程教育的办学情况，传达学院的办学政策，做有关的业务培训和问题解答。

目的

通过实地与学习中心的沟通，了解掌握学习中心在招生、教学、学习支持服务以及收费等教学活动中的落实和执行情况，通过收集学习中心的意见和建议，具体解决学习中心在办学中遇到的各种问题。

范围

适用于自建学习中心和奥鹏远程教育中心授权学习中心的巡视工作。

职责

a)对外合作部

负责巡视人员的管理和巡视工作安排，收集巡视人员反馈报告，定期向督导组汇报学习中心运行情况，监督和督促学习中心整改。

b)学院各业务部门

按照考核细则对学习中心各项工作完成情况进行实地调查了解。

程序

a)安排巡视计划

在每次学院考务部安排课程考试前，根据各学习中心的不同需要，安排相关人员作为考试巡考员，或选派专人不定期到各学习中心了解其运行情况。

b)审批

填写“学习中心巡视报告单”，报主管院长审批。

c)确定巡视内容

告知巡视员应了解的情况和巡视内容。

d)巡视意见反馈

巡视员及时将学院新政策传达到各学习中心，并将学习中心的意见和建议反馈到学院各部门。巡视人员返回后做好巡视报告，向主管领导汇报巡视结果。

支撑文件

《校外学习中心巡视管理规定》

记录单

兰州大学网络教育学院学习中心巡视报告单

5.2.4 学习中心培训

业务概述:学院各相关业务部门针对新建学习中心和新生开展的业务培训和入学教育讲座,培训方式分主动上门培训和集中培训。

目的

使新建学习中心的招生及教学管理人员尽快熟悉学院招生政策和工作业务流程,快速掌握教学管理平台操作流程,提高管理水平和工作效率;使新生了解学院有关学籍管理规定、考核办法、学习支持服务方式、学习方法等。

范围

适用于自建学习中心业务培训和新生入学教育工作。

职责

a)对外合作部

负责收集和更新各业务部门提供的业务培训材料及培训人员的安排和记录,发布有关培训工作新闻。

b)学院各部门

负责提供培训工作的相关培训材料。

程序

培训分对学习中心工作人员培训和对新学员培训。每年召开专项工作会议,有重点、分阶段进行业务培训工作。

a)制订计划

在接到新建学习中心审批文件,或接到学习中心开学典礼计划后,根据培训对象,制订培训计划。

b)制作材料

各业务部门制作业务培训材料和新生入学教育文档,通过集中培训、视频会议、现场指导等方式,开展对学习中心工作人员和新学员的培训工作。

c)派出人员

填写“学习中心培训派出单”,经主管院长审批后,通知学习中心。

d)培训总结

培训结束后,在学院主页发布培训有关的新闻,并将相关文字资料和图片收集归档。

记录单

兰州大学网络教育学院学习中心培训派出单

兰州大学网络教育学院××年学习中心培训记录表

6 资源建设

业务概述:资源建设主要是对基于网络文化及技术自主开发的网络课程资源,以及课程资源、分类资源、外购资源的管理、处理、保存和规范化,并探索信息技术与课程整合的模式与规律。

6.1 制订网络课程开发计划

业务概述:资源建设中心按照教学管理部提交的课程建设任务单,制订网络课程开发计划,确定课程开发实施方案,安排网络课程开发进度,保证网络课程课前到位。

目的

保证网络课程开发进度满足教学活动的需要。

范围

适用于对网络课程开发过程的规划,以及资源建设中心和教学管理部工作衔接的控制。

职责

a)主管领导

指导、监督资源建设中心制订网络课程开发计划和方案。

b)教学管理部

负责向资源建设中心提交课程建设任务单。

c)资源建设中心

按照教学管理部提交的课程建设任务单,确定网络课程开发方案,部署部

门工作。

程序

a)拟定课程建设任务单

教学管理部根据每学期教学计划拟定课程建设任务单,并针对已有课程资源状况制订年度教学资源规划,主要包括课件的重新制作或补充、更新等。

b)审批

主管领导进行审批。

c)细化课程开发任务

资源建设中心按照网络课程建设任务单,了解课程名称、所属专业、主讲教师等信息,明确课程开发任务,安排本部门具体工作内容分工。

d)制定开发进度表

资源建设中心根据课程到位时间制定课件开发进度表,指定课程制作负责人,课件录制负责人,以及确定课程栏目项等内容。

记录单

兰州大学网络教育学院网络课程开发计划记录单

6.2 网络课程设计

业务概述:网络课程设计主要包括课程内容设计和课程网站设计。主讲教师对文字脚本内容的设计,设计人员对网络课程网站的设计,能更好地展示课程知识内容。

6.2.1 课程内容设计

业务概述:课程内容设计是对文字脚本内容的设计,主讲教师按照课程内容设计规范,合理地安排和组织知识内容,体现出各个知识点之间的关系,展示出网络课程知识结构的功能。

目的

规范网络课程开发过程,确保网络课程开发计划的正常运行。

范围

本文件适用于网络课程内容设计的管理和协调。

职责

a)主管领导

负责审核文字脚本内容的设计。

b)资源建设中心

负责向课程主讲教师发送《主讲教师培训手册》等文件,提出课程内容设计规范的要求。

c)课程主讲教师

根据资源建设中心提供的课程内容设计规范,修改并准备课程脚本内容项。

程序

a)脚本内容设计要求

资源建设中心向课程主讲教师发送《主讲教师培训手册》《兰州大学网络教育学院网络课程脚本标准2011版》等文件,提出课程内容设计规范等要求。

b)准备脚本内容项

课程主讲教师需根据该门课程的特点,修改并准备需提供的脚本内容项,包括课程概况与章节知识内容等,以及与课程相关的音频、视频、动画等媒体资料,以丰富网络课程内容。

支撑文件

《兰州大学网络教育学院主讲教师培训手册》

《兰州大学网络教育学院网络课程脚本标准2011版》

记录单

兰州大学网络教育学院联系教师记录单

兰州大学网络教育学院网络课程脚本情况记录单

6.2.2 课程网站设计

业务概述:课程网站设计是课程模板设计,设计人员负责按照课程媒体设计规范进行课程网站设计。

目的

规范网络课程设计进度,确保网络课程开发计划的正常运行。

范围

本文件适用于网络课程网站设计的管理和协调。

职责

a)主管领导

负责审核课程网站的设计。

b)课程主讲教师

负责检查资源建设中心设计的网络课程栏目并提出修改意见,提供与课程相关的素材。

c)资源建设中心

负责与课程主讲教师沟通,完成课程网站框架设计。

程序

a)确定网站栏目

与课程主讲教师沟通,商讨并确定课程网站的一级栏目,并根据课程结构设计、确定分级菜单的具体栏目构成,填写“课程网站需求分析记录单”。

b)确定页面风格

与课程主讲教师沟通,确定课程网站的页面风格、主色调,收集与课程相关的素材图片及Flash等多媒体资源。

c)设计课程网站页面

根据“课程网站需求分析记录单”,对网络课程首页及子页面进行详细的设计,完成代码生成及Java Script程序嵌套,填写“课程网站制作流程记录单”。

d)课程网站发布

完成课程网站模板的发布,后期根据脚本内容合成等因素对课程网站模板进行修改,填写“课程网站发布记录单”。

支撑文件

《兰州大学网络教育学院主讲教师培训手册》

《兰州大学网络教育学院网络课程脚本标准2011版》

记录单

兰州大学网络教育学院联系教师记录单

兰州大学网络教育学院课程网站需求分析记录单

兰州大学网络教育学院课程网站制作流程记录单

兰州大学网络教育学院课程网站发布记录单

6.3 网络课程制作

业务概述:网络课程制作主要包括课件录制、脚本提供、网络课程合成三部分。课件录制主要是对教师讲解内容进行的音频和视频摄录工作;脚本提供是课程主讲教师根据课程内容设计要求，按时向资源建设中心提供课程内容脚本；网络课程合成是利用Dreamweaver等软件将课程网站模板与课程脚本内容进行嵌套,合成网络课程网站的子页面。

6.3.1 课件录制

业务概述：课件录制主要是对教师讲解内容的音频和视频进行摄录工作，包括对摄像机等硬件设备的调整以及利用课件系统软件录制三分屏课件。

目的

对课件录制的各环节进行有效控制,确保课件录制质量。

范围

本文件适用于课件录制过程的控制,以及课件后期编辑制作工作的控制。

职责

a)主管领导

负责聘请课程主讲教师。

b)资源建设中心

负责联系课程主讲教师,准备课件录制所需场所、设备,实施摄录和后期编辑,对已录制课件进行存档。

程序

a)录制前准备

与主讲教师沟通，提出PPT及脚本的编写要求，进行远程教育教学规律及教学方式的培训，讲解《兰州大学网络教育学院视频录制要求培训》，制订拍摄计划，指导教师填写“兰州大学网络教育学院聘任教师基本情况登记表”，签订《兰州大学网络教育学院网络课程开发协议》，并将以上所有情况记录在“教师培训记录单”内。

b)拍摄准备

依据《兰州大学网络教育学院课件拍摄工作流程》，工作人员在课件录制前做好演播室内一切准备工作，检查设备是否运行正常，确认主讲教师是否已明确录制要求，填写“课件拍摄准备记录单”。

c)进行拍摄

在拍摄过程中，随时向教师提出优化方案，实时监控设备与软件是否正常运行，做好记录并上报领导，将详细情况记录在“课件拍摄过程记录单”内。

d)磁带存档

课件录制结束后，做好磁带的存档工作，并填写“课件拍摄结果记录单”。

e)后期编辑

对于有问题的课件，在网梯多媒体课件制作系统上，利用编辑器进行剪辑、合并、对时与修改等操作。分别填写“课件编辑过程记录单”与“课件编辑结果记录单”。

f)发布课件

编辑完成的课件检查无误后在网梯多媒体课件制作系统平台上进行发布，发布为音频、视频课件，并填写“课件发布记录单”。

g)日常维护

为保障设备的安全以及良好运行，需对演播室内的摄录设备、虚拟演播系统、操作系统及网梯多媒体课件录制系统进行日常维护和课件录制前的检查，填写“演播室设备维护记录单”，发现问题及时上报领导，及时解决。

支撑文件

《兰州大学网络教育学院视频录制要求培训》

《兰州大学网络教育学院网络课程开发协议》(教师部分)

《兰州大学网络教育学院课件拍摄工作流程》

兰州大学网络教育学院课件拍摄工作流程图

记录单

兰州大学网络教育学院聘任教师基本情况登记表

兰州大学网络教育学院教师培训记录单

兰州大学网络教育学院课件拍摄准备记录单

兰州大学网络教育学院课件拍摄过程记录单

兰州大学网络教育学院课件拍摄结果记录单

兰州大学网络教育学院课件编辑过程记录单

兰州大学网络教育学院课件编辑结果记录单

兰州大学网络教育学院课件发布记录单

兰州大学网络教育学院演播室设备维护记录单

6.3.2 脚本制作

业务概述:课程主讲教师根据课程内容设计要求,按时向资源建设中心提供课程内容脚本,资源建设中心认真检查、校对,协助课程主讲教师进一步完善脚本内容以达到网络课程制作规范要求。

目的

规范网络课程制作过程,确保网络课程开发满足教学需求。

范围

本文件适用于网络课程脚本制作的管理和协调。

职责

a)主管领导

负责审核脚本内容是否符合规范要求。

b)课程主讲教师

负责向资源建设中心按时提供课程内容脚本。

c)资源建设中心

协助课程主讲教师进一步完善脚本内容以达到网络课程制作规范要求。

程序

a)撰写脚本

课程主讲教师根据课程内容设计要求和课程特点,撰写相应的文字脚本。

* 课程简介:课程介绍、教材推荐、课程特色、教学周历、教学大纲和考试大纲。

* 课程导学:课程知识结构图、重点难点、教学方法、课程目标、学习要求、教师建议、学习方法、背景资料。

* 课程练习:模拟试题、例题讲解和答疑库。

* 课外学习:学科名人、奇闻轶事、常识介绍、时文选读、相关法规、作品赏析、课程发展沿革等栏目。

* 课程资源:相关著作、期刊、学术论文、课程PPT、术语词典、网站论坛、专业学会、热点话题、音像资源等栏目。

* 媒体资源:作品赏析、实验录像、实验动画和课程PPT、音像资源等。

* 根据课程自身的特点,主讲教师可提供一些实验专题,包括实验指导、实验大纲、实验步骤、实验操作示范、实验图片。主讲教师根据课程所属学科类别及其课程的特点,提供与该课程相关的案例,并对其进行分析讲解。

* 章节知识内容是文字脚本的主体部分, 教师需按章节提供章节内容,每一章的内容包括该章的导学材料,各节的详细内容,以及章、节、小结三部分。导学材料包含该章的知识点、重点难点、学习目标和学习建议四项。

b)完善脚本

资源建设中心对课程主讲教师提供的脚本内容,认真检查内容与字数是否符合脚本规范,校对错别字等问题,协助主讲教师进一步完善脚本内容以达到网络课程制作规范要求,并填写“网络课程脚本情况记录单”。

支撑文件

《兰州大学网络教育学院主讲教师培训手册》

《兰州大学网络教育学院网络课程脚本标准2011版》

记录单

兰州大学网络教育学院网络课程脚本情况记录单

6.3.3 网络课程合成

业务概述:网络课程合成是利用Dreamweaver等软件将课程网站模板与课程脚本内容进行嵌套,合成网络课程网站的子页面;并根据教学资源的建设标准对现有资源进行分类以及格式转换。

目的

规范网络课程制作过程,确保网络课程开发进度满足教学需求。

范围

本文件适用于网络课程制作的管理和协调。

职责

a)主管领导

负责监督和指导网络课程合成过程。

b)资源建设中心

负责合成网络课程网站的子页面,对现有资源进行分类和格式转换。

程序

a)制作课程网站子页面

根据《兰州大学网络教育学院网络课程脚本标准2011版》,资源建设中心工作人员利用Dreamweaver等软件添加文本内容,合成课程网站子页面各个栏目;链接课件所有视频,并添加章节题目;填写“课件合成过程记录单”,将视频讲解部分按照课时的顺序依次添加并改为网页默认的名称格式。

课程结构图:

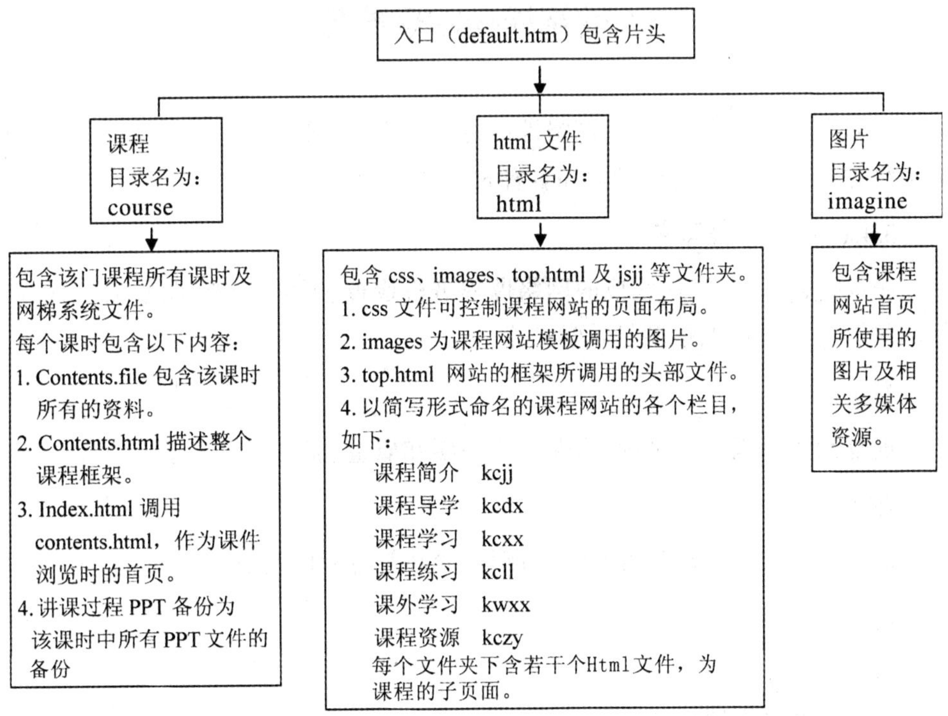

b)检查课件

将所有脚本内容添加完毕后,检查是否有遗漏的项目,排版是否整齐,课件视频链接是否正常,制作出单机版课件,填写“课件合成结果记录单”。

c)资源分类和格式转换

对资源建设中心已有的教学资源,包括主讲教师音频、视频和提供的课程脚本内容根据教学资源建设标准进行分类和格式转换,为学生提供多种类型的学习资源,如文本、音频、视频、flash动画等。

支撑文件

《兰州大学网络教育学院网络课程脚本标准2011版》

记录单

兰州大学网络教育学院课件合成过程记录单
兰州大学网络教育学院课件合成结果记录单
兰州大学网络教育学院课程主讲教师考核记录表

6.4 网络课程审核发布

业务概述:对制作完成的网络课程进行检查、评价、修改、验收,将审核通过的网络课程上传、发布;对母盘和各种素材进行归档。

6.4.1 网络课程审核

业务概述:是对制作完成的网络课程进行检查、评价、修改、验收的过程,确保网络课程的质量能够满足教学需求。

目的

规范网络课程审核过程,确保修改周期和质量,满足教学需求。

范围

适用于对网络课程检查、修改、评价、验收等过程的控制。

职责

a)主管领导

负责审核网络课程开发结果。

b)资源建设中心

负责参与课程评审,负责课程的修改和验收。

程序

a)资源建设中心检查

资源建设中心人员检查课程页面能否正常打开浏览,多级页面划分是否明确,层次是否清晰,课件的音频、视频能否打开,知识点链接是否正常,页面的图片、logo和文字标题等是否符合课件制作标准等项目,填写“网络课程检查记录单”。

b)主讲教师检查

课程主讲教师检查网络课程,如有错误,及时告知资源建设中心工作人员进行修改。

c)网络课程评价

网络课程评价人员依照《网络课程评价标准》对课程进行全面评审,并填写“网络课程评审意见单”,课程制作人员根据评审意见进一步完善网络课程。

支撑文件

《兰州大学网络教育学院网络课程评价标准》

记录单

兰州大学网络教育学院网络课程检查记录单

兰州大学网络教育学院网络课程评审意见单

兰州大学网络教育学院网络课程验收报告

6.4.2 网络课程发布

业务概述:将审核通过的网络课程上传至学习平台服务器,各种分类资源发布到移动学习平台;并对母盘和各种素材进行归档,刻录教学管理部所需课程光盘。

目的

规范网络课程发布过程,确保课程发布准确、及时,满足正常教学需要。

范围

适用于网络课程、脚本等教学资源发布过程的控制。

职责

a)主管领导

负责审核网络课程、脚本等教学资源的发布。

b)教学管理部

负责检查上传的网络课程并网上开课,统计各课程所需光盘数量,通知资源建设中心刻录,并向学习中心发放课程光盘。

c)资源建设中心

负责网络课程的上传、发布、保存。按时、准确地提供教学管理部所需课程光盘。

程序

a)制作单机版课件

验收通过后的网络课程,制作单机版课件并刻录母盘归档保存。

b)上传网络课程

验收通过的网络课程上传至服务器,教学管理部网上开课,供学生浏览学习,并填写“课程上传记录单”。

c)上传脚本资源

对网络课程的音频、视频资源和主讲教师提供的脚本资源按照《教学资源建设规范》进行分类,上传至移动学习平台,供学生学习。

d)材料归档

课程开发完成后,课程母盘、素材资料、教材由资源建设中心归档保管。

e)光盘刻录

按时、准确地提供教学管理部所需课程光盘。

支撑文件

《兰州大学网络教育学院网络教育资源管理办法》

《兰州大学网络教育学院教学资源管理办法》

《兰州大学网络教育学院教学资源建设规范》

记录单

兰州大学网络教育学院课程上传记录单

兰州大学网络教育学院母盘刻录记录单

兰州大学网络教育学院母盘归档记录单

兰州大学网络教育学院资源管理记录单

兰州大学网络教育学院任务统计记录单

兰州大学网络教育学院光盘刻录任务统计记录单

兰州大学网络教育学院光盘刻录记录单

兰州大学网络教育学院光盘交接记录单

7 应用系统建设及管理

7.1 教学平台管理

业务概述:教学平台管理主要是负责学院各应用系统的日常管理,如督学系统、教学平台、管理平台、学生平台等;根据学院教学业务的发展需要,设计、改进教学管理平台;对平台的使用情况进行分析,发现其中存在的问题并解决;保证各系统正常、安全运行,对系统应用中出现的问题进行及时、高效的解决,保证学院的教学管理工作能正常、有效开展。

7.1.1 教学平台设计

业务概述:根据学院教学业务发展需要,对平台进行需求调研,在调研的基础上,对平台的界面和功能进行设计、改造和开发,设计符合学院教学特点和办学模式的教学平台。

目的

为了适应学院教学、办公等业务发展的需要,更好地为广大师生服务。

范围

适用于学院根据教学业务需求,进行教学平台设计的相关过程控制。

职责

a)主管领导

负责指导并监督技术支撑中心撰写设计方案并负责审批。

b)技术支撑中心

负责教学平台设计的意见征求、界面设计和功能设计，并协调学院其他各部门做好意见反馈工作。

c)学院其他各部门

协助技术支撑中心做好平台设计的相关工作，向技术支撑中心反映使用过程中的功能需求，并对教学平台的界面及功能的设计提出具体意见和建议。

程序

a)需求分析

教学管理平台需求分析，发现平台使用过程中的问题(包括平台的缺陷，及有待开发的功能等)。

b)需求报告

与具体业务人员沟通，了解实际需求，撰写需求报告书。

c)讨论需求

学院召开办公会议，进行讨论。

d)项目实施

方案通过后，成立项目组，实施项目。

e)验收

项目小组和学院会议对项目成果进行验收。

记录单

需求分析报告书

7.1.2 教学平台分析

业务概述：根据学院教学业务的发展，平台管理人员在平台管理过程中，对教学平台进行功能分析和数据分析。通过分析教学平台的各项功能，结合学院教学特点和教学模式，发现教学平台中存在的不足；从教学角度对教学平台进行数据分析，发现教学规律，为学院制定教学相关决策提供依据。

7.1.2.1 教学平台功能分析

业务概述：根据学院教学管理业务的实际情况，对现有教学管理平台的功能进行分析。

目的

通过分析教学平台的现有功能，发现其不足，为学院教学平台的升级、重新

设计提供依据。

范围

适用于技术支撑中心教学平台管理人员对教学平台的功能进行分析，并为平台的改进、升级和重新设计提供建设性意见。

职责

a)主管领导

负责对教学平台的功能分析工作进行指导，并监督工作完成情况。

b)技术支撑中心

技术支撑中心的平台管理人员负责平台功能分析的具体工作，并与各部门沟通，征求平台各功能使用情况的意见和建议。

c)学院其他各部门

协助技术支撑中心做好平台功能分析的相关工作，将平台使用过程中遇到的实际问题反馈至技术支撑中心，对平台功能中的不足之处提出具体的意见和建议。

程序

a)意见征集

征集各部门、学生和学习中心对平台功能的意见和建议。

b)分析平台功能

根据工作经验以及征集到的意见和建议对平台现有功能进行分析，从而发现平台功能性的问题。

c)解决方案

根据发现的问题提出解决办法并与相关业务部门讨论，最终形成解决方案。

d)实施改进

记录单

平台功能分析报告

7.1.2.2 教学平台数据分析

业务概述：根据学院教学管理业务需要，对现有教学管理平台的数据进行分析。

目的

通过对平台的数据进行分析,发现数据背后的教学规律,了解学院的教学动态,为学院制定各项政策提供依据。

范围

适用于技术支撑中心进行教学平台数据整理、分析。

职责

a)主管领导

负责对平台数据分析工作的指导,并监督工作完成情况。

b)技术支撑中心

参考各部门对平台数据分析工作的意见和建议,进行教学平台数据的具体分析工作,并撰写分析报告。

c)学院其他各部门

配合技术支撑中心做好平台数据分析的相关工作,并在教学平台数据分析过程中提出意见和建议。

程序

a)数据整理

整理现有教学管理平台的所有教学数据。

b)数据挖掘

对整理的数据进行分析、挖掘,发现数据的内在规律。

c)数据分析报告

撰写数据分析报告,为后续改进和重新设计功能提供依据。

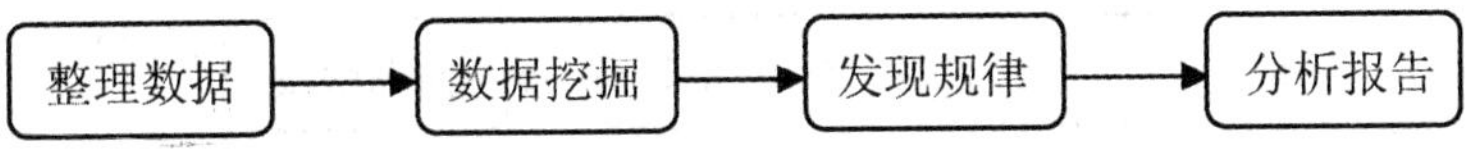

记录单

平台数据分析报告

7.1.3 教学平台维护

业务概述:对教学平台进行日常维护,主要包括技术支持、任务单撰写、权限分配和故障维护。

目的

保证平台能够正常、稳定和高效运行,为学院的教学提供稳定的软件环境,并为用户(校外学习中心、管理人员、学生)提供及时的支持,解决其平台使用中的问题。

范围

适用于教学管理平台的日常维护。

职责

a)主管领导

负责对教学平台日常管理维护工作的指导,并监督工作有序开展。

b)技术支撑中心

对各类用户(学院各部门、学习中心、学生)反映的关于平台的故障做出及时和有效处理,并征求故障处理意见。

c)学院其他各部门

对平台使用中存在的故障做出积极反馈;将其他用户(学习中心、学生)遇到的平台故障及时转达到技术支撑中心,并协助处理。

程序

a)提出问题

用户在平时工作中发现平台问题或使用障碍,并向技术支撑中心提出问题。

b)分析问题

平台管理维护人员对用户提出的问题进行分析并给出解决方案。

c)问题解决

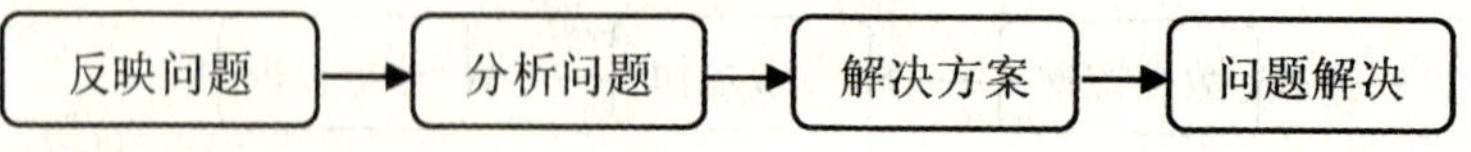

记录单

兰州大学网络教育学院教学平台技术支持登记表

兰州大学网络教育学院教学平台故障登记表

7.1.4 任务单处理

业务概述:技术支撑中心针对各部门提交的平台问题,进行功能添加、功能变更、数据异常处理等任务处理,保证平台功能、平台数据的完整性和安全性,做到对平台的任何操作都有据可查。

目的

保证功能和数据的完整性和安全性,且任务处理有据可查。

范围

适用于技术支撑中心与平台有相关业务的各部门以及与平台提供方就平台相关业务进行交流等事宜。

职责

a)主管领导

负责对处理任务单工作进行指导、审批并监督工作的完成情况。

b)技术支撑中心

负责平台任务单的具体处理工作,并将处理结果以任务单的形式进行留底存档。

c)学院其他各部门

积极反馈在教学平台使用中遇到的数据处理等问题,提交任务单,经部门主任批准,报技术支撑中心处理。

程序

a)任务单填写

根据业务需求,填写任务单。

b)审核

业务部门主任审核。

c)给出解决方案

教学平台管理人员对所提交的任务单进行数据验证、分析和审核并给出解决方案。

d)存档

问题解决,存档备案。

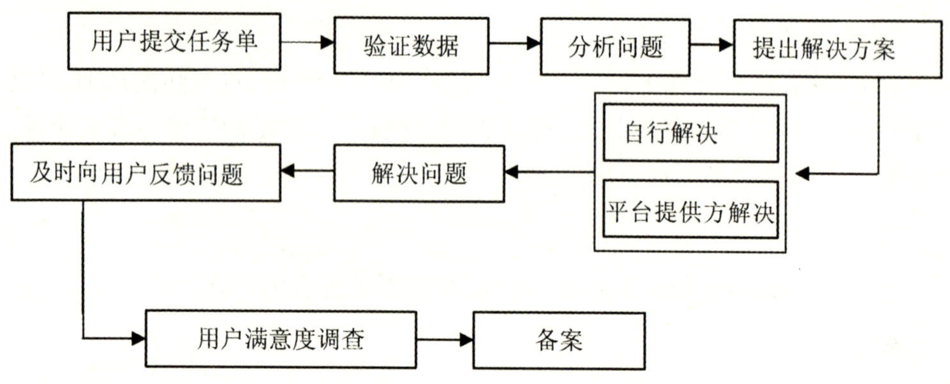

记录单

兰州大学网络教育学院平台任务提交登记表

7.2 应用系统管理

业务概述：依据学院教学业务的需求，对所需要的系统（主要是软件）进行设计开发、测试和运行环境维护管理。

7.2.1 自主开发系统

业务概述：根据学院的实际教学需求，技术支撑中心牵头，在学院其他部门协助下自行设计，自主开发应用系统。

目的

不断满足学院教学和办公的新需要，提高学院信息化水平。

范围

适用于根据学院各部门的工作需要，开发相关业务系统的工作。

职责

a）主管领导

负责审核业务部门提出的系统开发需求是否合理，系统开发完毕后负责组织系统验收。

b）技术支撑中心

负责自主开发系统的需求分析、系统设计、系统开发、后期管理等具体工作，并协调学院各部门征求系统开发的相关意见和建议。

c)综合办公室

负责协调学院各个部门，召集各个部门参加学院关于自主开发系统的相关会议，并做好具体的统筹工作。

d)学院其他各部门

撰写系统需求文档，提交学院工作会议审核，协助技术支撑中心做好系统开发、测试和后期完善等工作。

程序

a)提出需求

学院各部门提出开发需求。

b)讨论

学院召开相关会议，讨论开发需求的合理性和可行性。

c)撰写需求分析报告

如学院会议未通过，则由相关部门重新提出需求；如通过，则成立项目组，根据需求撰写需求分析报告。

d)确定需求

相关业务部门撰写需求分析报告，学院会议讨论需求分析报告，如若通过，开始进入项目开发阶段；若未通过，重新确定需求。

e)设计文档

技术支撑中心根据需求，撰写技术开发设计文档。

f)项目开发

技术支撑中心根据需求以及技术开发文档，按照规定的工作进度进行项目开发。

g)项目部署

技术支撑中心根据实际情况在服务器上部署开发的项目。

h)项目测试

技术支撑中心对部署好的项目进行白盒测试，并组织相关业务部门进行黑盒测试。

i)项目试用

技术支撑中心将测试好的系统交相关业务部门试用,以发现系统功能和设计等不足。

j)改进和完善

技术支撑中心根据用户试用情况进行改进,使系统功能更加完善。

k)验收

主管院领导组织相关业务部门对项目进行验收。

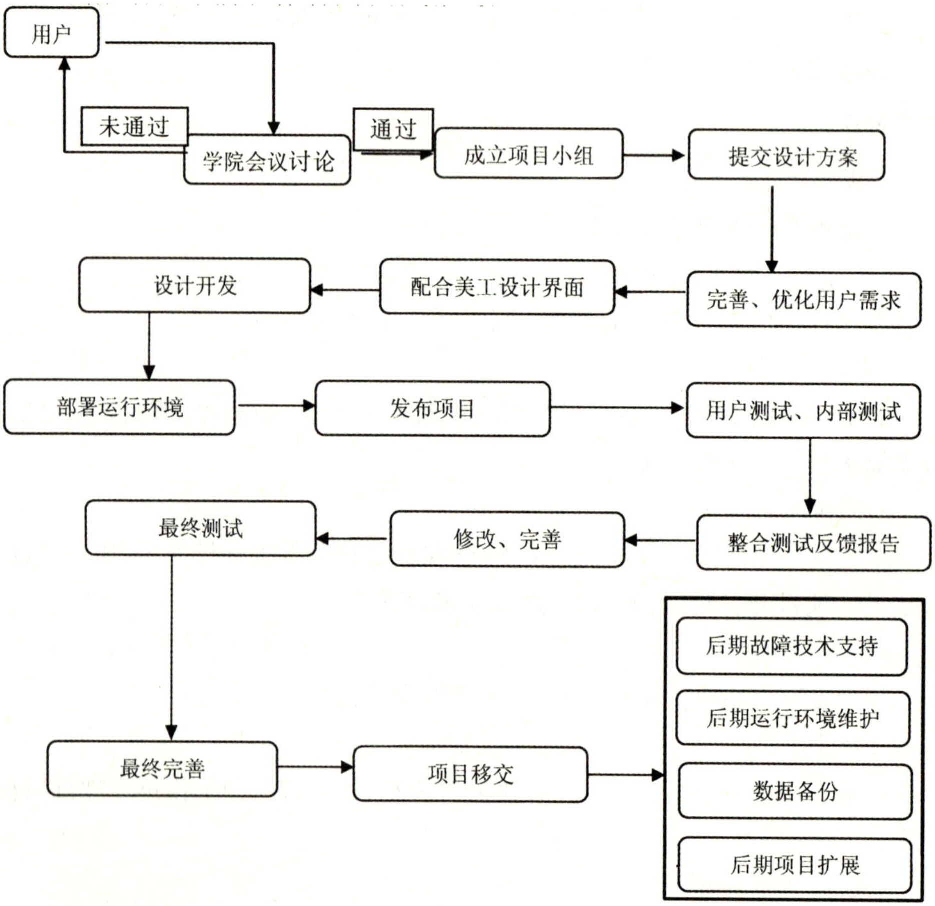

用户
学院会议讨论
未通过
通过
成立项目小组
提交设计方案
完善、优化用户需求
配合美工设计界面
设计开发
部署运行环境
发布项目
用户测试、内部测试
整合测试反馈报告
修改、完善
最终测试
最终完善
项目移交
后期故障技术支持
后期运行环境维护
数据备份
后期项目扩展

支撑文件

《兰州大学网络教育学院应用软件"开发、改造、购买"工作要求》

记录单

兰州大学网络教育学院应用软件"开发、改造、购买"申请表

7.2.2 购买第三方系统

业务概述:对于学院购买的大型应用系统或相关硬件设备,提供软硬件环境技术支持。

目的

提高学院软硬件环境,为教学业务的开展提供技术支持。

范围

适用于购买第三方系统的前期调研和需求分析,测试和部署运营环境的全过程。

职责

a)主管领导

负责审核业务部门的需求是否合理,并负责部署第三方系统的购买和组织系统验收。

b)技术支撑中心

负责第三方系统购买的前期调研、需求分析及各项准备工作,提交《购买第三方系统方案》于学院会议讨论,并负责系统的前期和后期的测试工作。

c)综合办公室

负责购买第三方系统的招标、资格审定等工作,并组织学院各部门参加关于购买第三方系统的会议。

d)学院其他各部门

积极协助技术支撑中心做好购买第三方系统的前期调研和需求分析等工作。

程序

a)提出需求

业务部门提出购买第三方软件和硬件的需求。

b)讨论需求

学院召开相关会议,讨论需求的合理性和购买第三方软硬件的可行性;如若通过,则成立项目组。

c)项目测试

技术支撑中心组织相关业务部门进行项目测试,并撰写相关测试报告。

d)学院审批

学院召开办公会议,并根据前期需求和测试报告确定购买意向。

e)部署项目

若学院办公会议同意购买,则按要求搭建系统运行环境,部署项目并测试是否正常。

f)验收

主管院领导组织相关业务部门对项目进行验收。

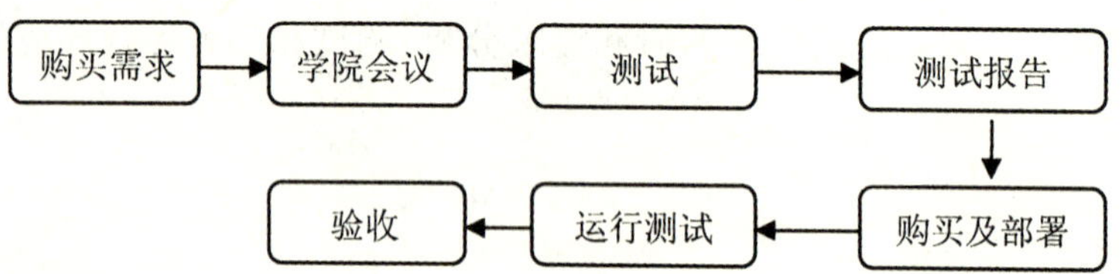

记录单

测试报告

运行测试报告

7.2.3 应用系统日常维护

业务概述:对学院各应用系统进行日常维护,主要包括日常巡查、技术支持和故障处理。

目的

保障各应用系统高效、稳定运行,为学院的教学管理工作提供稳定的软件环境,为学院各部门、学习中心老师及学生提供及时的支持,解决应用系统使用过程中出现的技术问题。

范围

适用于技术支撑中心对学院各应用系统的日常管理和维护。

职责

a)主管领导

负责指导并监督技术支撑中心的日常系统维护工作。

b)技术支撑中心

对学院各部门、学习中心老师及学生反映的关于系统的故障进行及时有效处理，并做好记录。

c)学院其他各部门

对系统使用中存在的故障做出积极反馈，并协助技术支撑中心及时处理相关故障。

程序

a)提出问题

用户在平时工作中发现应用问题或使用障碍，及时向技术支撑中心反馈。

b)分析问题

应用系统管理维护人员对用户提出的问题进行分析并给出解决方案。

c)问题解决

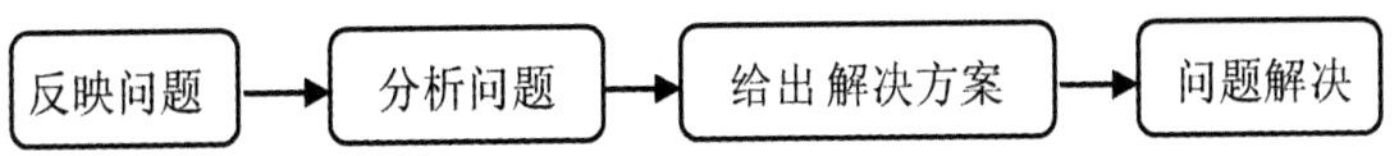

记录单

兰州大学网络教育学院应用系统技术支持登记表

兰州大学网络教育学院应用系统故障登记表

7.3 网络环境管理

业务概述：监控学院的网络运行情况，处理网络故障，备份学院教学管理数据，维护服务器系统，维护服务器室环境，维护学院的网络和办公设备的正常运行，保证学院网络环境的正常高效运行，为学院信息化办公环境提供有力的技术支撑。

7.3.1网络监控

业务概述：网络监控主要是利用一定的设备（硬件设备及软件设备）对学院的网络流量和用户行为进行监控，及时控制网络流量。

目的

监控网络流量及用户行为，保证学院网络的安全正常运行。

范围

适用于技术支撑中心网络管理人员对网络进行监控。

职责

a)主管领导

负责对网络监控工作进行指导,并监督此项工作能够按时、有序开展。

b)技术支撑中心

负责学院整个网络的监控工作,定期对网络监控结果进行登记、上报,及时发现存在的问题并及时做出处理。

c)学院其他各部门

积极配合技术支撑中心做好网络监控和相关问题的处理工作。

程序

a)网络环境监控

网络管理人员按照学院业务规定,每天对学院网络环境和服务器进行监控,如发现异常需立即报主管领导,并给出解决方案。

b)异常处理

及时解决异常,如不能自行解决,则在30分钟内联系设备提供商,并跟踪相关工作进度直到问题得到解决。

c)审核

主管领导对问题处理情况进行审核。

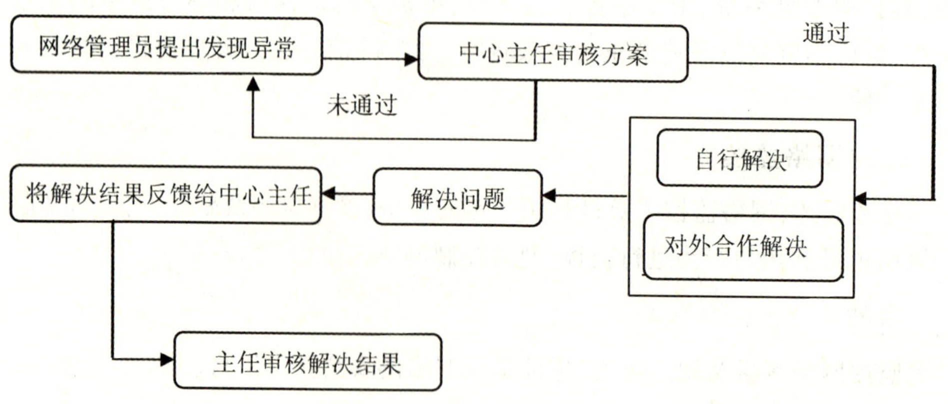

记录单

兰州大学网络教育学院网络管理登记表

7.3.2 故障处理

业务概述:在网络管理过程中,对办公用机故障、服务器故障和网络故障进行及时处理。

目的

及时、有效地处理办公用机故障、服务器故障和网络故障,保证学院办公、教学环境的安全、高效运行;保证学院各应用系统、服务器的数据安全及网络安全。

范围

适用于发生网络故障时的技术支撑工作。

职责

a)主管领导

负责对办公用机故障、服务器故障和网络故障的处理进行指导,并监督工作的完成情况。

b)技术支撑中心

对出现的网络故障进行具体解决或协调相关服务商做好故障处理工作。

c)学院其他各部门

提交故障申请并协助技术支撑中心网络管理相关人员做好网络故障处理工作。

程序

a)提交故障处理表

用户在发现故障后第一时间向技术支撑中心提交网络故障处理表。

b)故障分析

网络管理人员对提交的故障处理表进行分析,查明产生的原因并给出解决方案。

c)解决问题

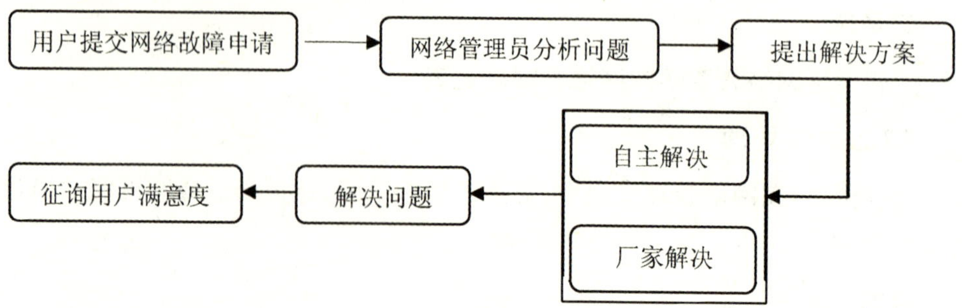

记录单

兰州大学网络教育学院网络故障处理登记表

7.3.3 数据备份

业务概述:及时、准确地对学院的教学、办公数据进行备份、迁移和安全检查等。

目的

保证学院的数据安全,为学院各项工作的开展提供基础的技术保障。

范围

适用于技术支撑中心、教学部和资源建设中心对教学资源等数据的上传、使用和备份等。

职责

a)主管领导

负责对数据备份工作情况进行指导和监督。

b)技术支撑中心

根据学院业务要求及数据备份时间安排表,对学院的重要教学和办公数据进行及时有效的备份。

c)学院其他各部门

向技术支撑中心提供需要备份的数据及备份计划,并在必要的时候做好数据的检查工作。

程序

a)备份申请

各部门提出备份申请,并填写“兰州大学网络教育学院数据备份情况登记表”。

b)备份执行

业务部门需经部门主任批准后方可提出备份方案,技术支撑中心按方案实施备份。

c)数据检查

技术支撑中心及相关业务部门需要对备份后的数据进行安全及完整性检查,如发现问题应及时解决,将备份结果以文档的形式报相关业务部门,并进行存档。

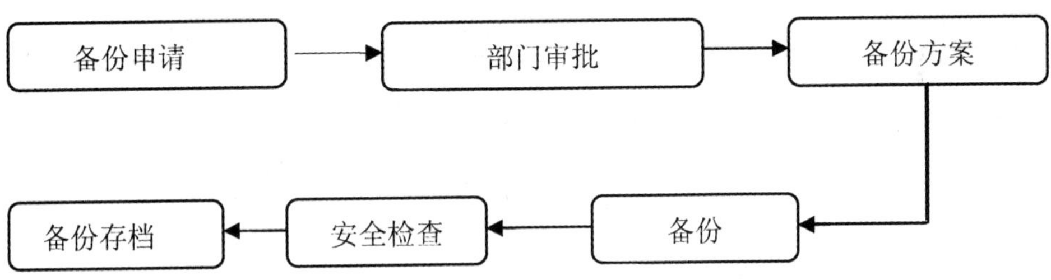

记录单

兰州大学网络教育学院数据备份情况登记表

7.3.4 服务器系统维护

业务概述:对服务器的软件环境进行维护管理,包括定期杀毒、系统升级、打补丁和安全配置等操作。

目的

保证服务器系统的安全、有效运行,保证学院教学业务的正常、安全开展。

范围

适用于技术支撑中心网络管理员对服务器系统进行维护。

职责

a)主管领导

负责对服务器系统维护工作情况进行指导和监督。

b)技术支撑中心

每天定时对服务器系统进行维护,在发现问题后要及时处理并做好记录。

c)学院其他各部门

需要在本地保存好本业务部门在服务器上的所有数据。

程序

a)安全检查

网络管理人员按业务要求,每天对服务器系统进行安全检查。

b)发现问题

如检查时发现问题应及时向部门主任汇报并给出解决方案。

c)解决问题

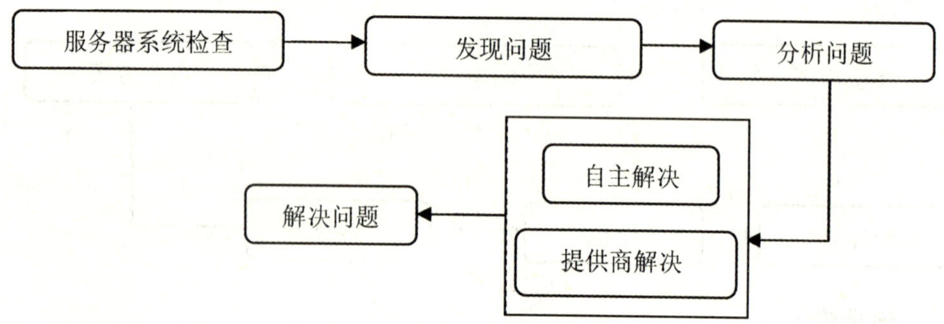

记录单

兰州大学网络教育学院服务器系统运行维护登记表

兰州大学网络教育学院服务器系统运行故障处理登记表

7.3.5 服务器室环境维护

业务概述:服务器室网络环境维护是指保证服务器室温度、湿度和用电等的正常和安全,主要包括对空调、UPS等设备的维护。

目的

保证服务器室内的温度、湿度和用电的安全,为服务器室内设备的正常运行提供良好环境。

范围

适用于技术支撑中心对服务器室环境的日常维护。

职责

a)主管领导

负责对服务器室环境维护工作的指导和监督。

b)技术支撑中心

定期检查服务器室的环境,并做好记录。

c)综合办公室

在故障发生后及时联系维修人员进行维修。

d)学院其他各部门

协助技术支撑中心做好服务器室环境维护工作,服务器室相关设备出现故障时,做好本部门工作数据备份。

程序

a)日常检查

每天对服务器室进行不少于两次的检查,包括温度、湿度和电源等方面。

b)问题处理

发现问题应及时解决,解决不了的应向综合办公室汇报,由综合办公室联系相关维修人员进行维修。

c)告知相关业务部门

若服务器设备故障可能影响其他部门应及时告知相关部门做好数据备份。

d)问题解决

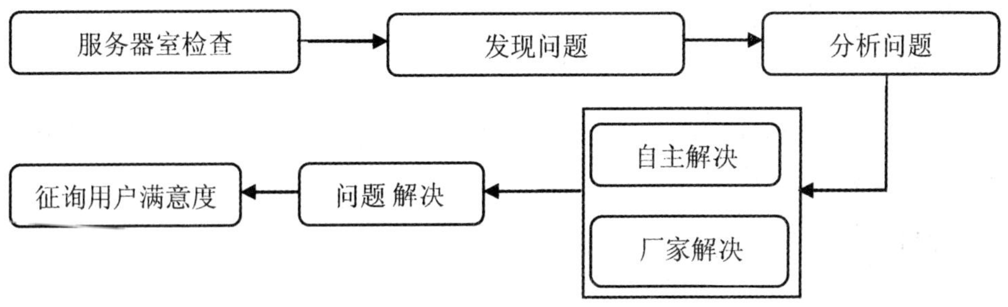

支撑文件

《兰州大学网络教育学院服务器室管理办法》

记录单

兰州大学网络教育学院服务器室管理登记表

兰州大学网络教育学院服务器室出入登记表

兰州大学网络教育学院设备故障处理登记表

8 人力资源管理

8.1 教师聘用与管理

8.1.1 教师聘用

业务概述：开展学院主讲教师、辅导教师等各类教师的聘用工作，确保教学活动的正常进行。

8.1.1.1 主讲教师的聘用

业务概述：根据教学计划聘请课程主讲教师进行课程的课件制作工作。

目的

聘请学院课程主讲教师进行课件录制工作，保证教学资源的制作和学生学习的正常开展。

范围

适用于学院主讲教师的聘用。

职责

a)主管领导

负责对主讲教师聘用工作进行监控。

b)教学管理部

负责根据教学计划，制订课程主讲教师聘用计划并提交资源建设中心。

c)资源建设中心

根据课程主讲教师聘用计划聘请各课程的主讲教师。

程序

a)制订主讲教师聘用计划

教学管理部根据教学工作需要和教学进度安排,制订课程主讲教师聘用计划,报主管领导审批后交资源建设中心。

b)选聘课程主讲教师

资源建设中心根据课程主讲教师聘用计划,主要面向校内选聘课程主讲教师,择优聘用并签订协议,做好信息登记。

支撑文件

《兰州大学网络教育学院主讲教师管理办法》

记录单

兰州大学网络教育学院课程主讲教师聘用计划

兰州大学网络教育学院聘任教师基本情况登记表

兰州大学网络教育学院教师基本信息汇总表

8.1.1.2 辅导教师的聘用

业务概述:根据学院开课计划招聘相应课程专业的辅导教师,为学生提供论坛及语音答疑的学习辅导。

目的

聘用辅导教师指导学生日常学习,保证学生学习过程的正常进行。

范围

适用于对辅导教师选聘工作的控制。

职责

a)主管领导

负责对辅导教师聘用工作进行监控。

b)教学管理部

负责辅导教师聘用工作的具体组织实施。

程序

a)发布辅导教师招聘信息

教学管理部根据学期开课计划制订辅导工作计划,根据该计划在学院网站上发布辅导教师招聘信息,招聘面向校内外,以校内为主。

b)选聘辅导教师

应聘教师填写申请表,教学管理部进行资格审核,根据《兰州大学网络教育学院辅导教师管理办法》择优选聘,并签订聘用协议。

c)辅导教师资料建档

辅导教师填写“聘任教师基本情况登记表”,将表格与身份证、学历证明复印件等资料一并交教学管理部归档备案。

支撑文件

《兰州大学网络教育学院辅导教师管理办法》

记录单

兰州大学网络教育学院教学辅导安排表

兰州大学网络教育学院辅导教师应聘申请表

兰州大学网络教育学院聘任教师基本情况登记表

兰州大学网络教育学院教师基本信息汇总表

8.1.2 教师培训

业务概述:学院对受聘教师进行岗前和实际操作的培训,包括远程教育教学模式、网络平台操作等方面的工作要求和方法。

目的

使教师尽快熟悉工作流程、了解工作计划、掌握工作方法,保证教学工作能够高效、有序地开展。

范围

适用于对主讲教师、辅导教师和论文指导教师的培训工作的控制。

职责

a)主管领导

负责对教师培训工作进行指导及监控。

b)资源建设中心

负责主讲教师培训工作的具体实施。

c)教学管理部

负责辅导教师、论文指导教师培训工作的具体实施。

程序

a)培训的组织

主讲教师的培训工作由资源建设中心负责,辅导教师、论文指导教师的培训工作由教学管理部负责。培训的内容均根据《辅导教师培训手册》进行。

b)培训方式

主讲教师的培训可根据实际需要集中或单独组织,辅导教师的培训以会议形式组织全体辅导教师参加,讲解和落实培训内容。

支撑文件

《兰州大学网络教育学院教师培训管理办法》

记录单

兰州大学网络教育学院辅导教师平台账号管理记录单

兰州大学网络教育学院主讲教师培训记录单

兰州大学网络教育学院辅导教师培训记录单

8.1.3 教师考核

8.1.3.1 主讲教师考核

业务概述:根据考核指标对主讲教师的工作进行考核。

目的

加强学院师资队伍建设,充分发挥主讲教师的积极性,提高学院教学质量。

范围

适用于学院对聘用的所有课程主讲教师的考核。

职责

a)主管领导

负责对主讲教师考核工作进行指导与监控。

b)资源建设中心

负责主讲教师考核工作的具体实施。

程序

a)考核内容

主讲教师的考核内容主要是教师提供素材的数量及质量、网络课程整体评价等。

b)考核方式

主讲教师应按课程录制计划按时提供脚本、录制课件和进行课程网站设计等工作。资源建设中心根据主讲教师的工作表现填写“主讲教师考核表”,对主讲教师的工作进行评分。

c)考核结果

对考核不合格的主讲教师,资源建设中心需加强对其培训和指导;若连续两次考核不合格,不再续聘。

支撑文件

《兰州大学网络教育学院主讲教师管理办法》

记录单

兰州大学网络教育学院课程主讲教师考核记录表

兰州大学网络教育学院网络课程评价表

8.1.3.2 辅导教师考核

业务概述:为保证教学质量,学院定期对辅导教师进行月度考核及定期抽查的全面考核,对于不合格的教师及时替换。

目的

加强学院师资队伍的建设,合理计算辅导教师的工作量,充分发挥辅导教师的积极性,有计划地安排辅导教师的工作,切实保证辅导工作的顺利进行。

范围

适用于本学院辅导教师考核及管理工作的控制。

职责

a)主管领导

负责对辅导教师考核工作进行指导与监控。

b)教学管理部

负责辅导教师考核工作的具体实施。

程序

a)考核的组织

辅导教师的考核由教学管理部组织实施。

b)考核的时间

辅导教师的考核实行月度考核及定期抽查制度,每月初完成上月度辅导教师的考核工作。通过考核督促辅导教师完成教学资料的上传,课程论坛的及时回复和语音辅导答疑等工作。

c)考核的方法

辅导教师的考核主要是通过教学管理平台导出各项数据,如教学资料上传的时间及数量、课程论坛回复率、语音答疑次数等,同时教学管理部将定期监控教学资料质量、课程论坛回复质量、语音答疑效果等,通过数量和质量相结合,全面考核辅导教师的工作质量。

d)考核的结果

对考核不合格的辅导教师,管理人员需对其加强培训和指导,监督辅导教师完成工作任务。辅导教师按学院规定享受教学酬金。

支撑文件

《兰州大学网络教育学院辅导教师考核办法》

《兰州大学网络教育学院辅导教师报酬计算办法》

记录单

兰州大学网络教育学院课程辅导教师月考核表

兰州大学网络教育学院辅导答疑工作总结表(教师)

兰州大学网络教育学院课程辅导教师学期考核表

兰州大学网络教育学院辅导答疑监控记录单

兰州大学网络教育学院辅导教师服务记录单